幼児のゲーム＆あそび ④
4・5歳児がつくってあそべる手づくりおもちゃ45

芸術教育研究所 編

黎明書房

はじめに

　4・5歳児期は、ほんとうによい教育環境を系統的、継続的に与えられると、ものすごい飛躍をとげる、人間にとってもっとも大切な時期です。ですから、この本をとおして、おもちゃの役割を、大人は明確に知ってほしいと思います。

　なぜならば、おもちゃは、子どもにとって成長のための食べ物と同じ内容のものだからです。

　しかし、おもちゃというと、多くの人々は「こわれ物」「中途半端の物」というイメージをもちがちです。けれども、よく考えてみると、どのような形態のおもちゃであっても、扱い方によっては、決してこわれ物でも、中途半端の物でもないことは確かです。

　おもちゃと遊ばないで、子どもの時期を過ごした人はまずないでしょう。さらに、4・5歳児期は、創造的、想像的諸能力がぐんぐん成長する時期でもあるので、どのような物でもおもちゃ化してしまうことでしょう。

　ですから、自然物の木の葉や枝、あるいは風までも遊び道具の1つにしてしまうことでしょう。布ぎれ、さまざまな紙類、大工さんの切り落とした木片、また、おもちゃ屋さんで購入した高価な物であっても、それを遊び道具にする子どもにとっては、値段に関係なく、みな同じなのです。

　要は、いかにその物とふれあって、内容のある遊びをするか、ことばを変えれば、いかにその物を道具として利用し、自分自身の成長の糧にするかによって、そのおもちゃに対する価値観が変わるのです。

　おもちゃは、それとふれあい、遊ぶ子どもにとって食べ物と同じだということは前述しましたが、扱い方、あそび方によってバランスのとれた栄養源になったり、過多になったりすることもあるでしょう。

　この本の中で紹介する手づくりおもちゃの数々は、自分で作る料理と同じです。自分が食べたい物、自分が仲間と食べたりする物を、自分の手で、自分たちの手で作り上げるように、手づくりおもちゃを作り上げるための手引書、案内書として考えていただき、ぜひおもちゃによる遊びの実践を深めてほしいと思います。

　ともすれば、おもちゃは、人間生活の中で、あってもなくてもよい物だと思われがちですが、それは、大きなまちがいです。年齢層、社会的立場、環境、性格などに関係なく、大切な物なのです。

　ですから、創造的、想像的諸能力がめばえ、成長をとげていく、大切なこの時期に、自分の考えで、自分のため、自分たちのために必要とするおもちゃを、ぜひ作れるような条件作りと、内容作りをすすめてくださるよう、願ってやみません。

　なお、本書は、先に出された『4・5歳児にもつくれる手づくりおもちゃ集』を改題・改版したものです。

　末長いご愛読を、お願いいたします。

芸術教育研究所

この本の特徴

　手づくりおもちゃと一口でいってしまうと、まことに簡単に考えてしまいがちですが、この本にのっているどの手づくりおもちゃも、子どもたちの身近にある素材集めから始め、その素材の諸特徴をつかませ、どのようなものができ上がったら、どのような遊びが自分たちの集団の中でできるか、じっくりと語り合いをさせながら作っていただきたいものばかりです。

　もちろん、「4・5歳児がつくってあそべる」といういいかたをしていますが、指導のしかたでは、3歳児にも使えるし、また、6歳児、7歳児にも内容をもりこんで豊かに指導することもできます。さらに、子どもとお年寄りとのふれあいにも利用できる幅の広さももっています。みなさま方の広範な活用に期待します。

この本と仲良しになるためには

　この本と教師や子どもたちが本当に仲良しになるためには、必ず次のことは守ってください。お願いいたします。

　まず、遊ぶこと。楽しく仲間と遊ぶことを前提に、この本とふれあってください。作るだけに終わって、遊びは、家に帰って勝手にやってくれでは、絶対に困ります。

　ですから、実際にこの本を使って指導されるとき、指導者である教師は必ず、この本の内容、作り方、遊び方を熟知して、自分自身が本当に楽しく遊べるようにしてから、自分自身が本当に楽しく遊んでから、子どもに紹介してください。そうすれば、そこに子どもたちの力も十分加わり、このおもちゃ、その遊びが何十倍も楽しくなることはうけあいです。

　もちろん、この本を子どもに見せ、どれを選んで遊ぼうかと指導するのも一方法でしょう。何人かでこの本を見合うと、また、異なった考えが浮かぶ場合もあります。

　それから、大切なことは、この本に書かれてあるとおりに指導しようとしないでください。

　この本に書かれている例は、あくまでも、遊び方、作り方の1例で、これがすべてではないということをじっくり考えてください。

　まず、軽く、みなさま方へのヒントとして活用してくださり、さらに、あれこれと組み合わせると、こんなにも面白くなりそうだと考えてくださる方を、この本は喜ぶことでしょう。

4・5歳児が
つくってあそべる
手づくりおもちゃ45

もくじ

はじめに　1
この本の特徴　2
この本と仲良しになるためには　2
手づくりおもちゃ年間指導例一覧　6

I 手づくりおもちゃづくりの指導のポイント

- 手づくりおもちゃの良さと与えるねらい ……………………… 8
- ねらいを達成するための手だて … 10
- 子どもたちの創意工夫を，どこにとりいれるか ……………… 11
- あそびの発展を考える …………… 12
- 与える順序性は？〈カリキュラムのなかの位置づけ〉………… 13
- 用具・道具 ………………………… 14
- 材　　料 …………………………… 16

II つくってあそべる手づくりおもちゃ

❶ 紙飛行機 …………………… 20
　指示通り紙を折る　飛ぶ工夫をする

❷ 折り紙でっぽう …………… 23
　大きな紙を正確に折る

❸ 折り紙だこ ………………… 25
　はさみ・目打ちの使い方をおぼえる

❹ 紙のプロペラ ……………… 28
　はさみを自在に使う　指先の作業に集中する

❺ じしゃくのさかなつり …… 32
　じしゃくの性質を知る

❻ 紙　ケ　ン ………………… 34
　はさみで曲線を切りぬく

❼ 紙人形づくり ……………… 37
　複雑な曲線をはさみで切りぬく

❽ 絵合わせカード …………… 40
　部分と全体を識別し，構成する

❾ 紙　　笛 …………………… 42
　紙を細くまく方法をおぼえる

❿ パクパク動物 ……………… 44
　指示通り紙をきちんと折る

⓫ 紙カメラ ……………… 47
　カッターナイフの使い方をおぼえる

⓬ ジャンプカード ……………… 49
　段ボールを折る　輪ゴムの弾力性を知る

⓭ ブンブンごま ……………… 52
　はさみで曲線を切りぬく

⓮ サイコロごまあそび ……… 54
　立方体をつくる

⓯ ロケット型風車 ……………… 57
　画用紙で円すいをつくる

⓰ 紙ずもう ……………… 61
　紙を折る，まるめることによって立たせる

⓱ ゴムとばし ……………… 64
　特定の指だけを自在に動かす

⓲ ゴムあそび ……………… 66
　輪つなぎをおぼえる

⓳ 円ばんとばし ……………… 69
　はさみで曲線を切る

⓴ 牛乳パックのくじ引き ……… 72
　ホッチキス・カッターナイフの正しい使い方をおぼえる

㉑ 牛乳パックの水車 ……………… 74
　目打ち・はさみを安全に使う

㉒ 紙とんぼ ……………… 76
　カッターナイフ・ホッチキスを安全に使う

㉓ ロープウェイ ……………… 79
　創造力を養う

㉔ 糸でんわ ……………… 82
　こまかい作業に慣れる　集中力を養う

㉕ 動くヘビ ……………… 85
　身近な材料で，昔ながらのおもちゃをつくる

㉖ ビー玉入れ ……………… 88
　筒を切る　はさみを自在に使う

㉗ ビニール袋の角ふうせん ……… 91
　平面的な材料から立体をつくる

㉘ ビニールの落下傘 ……………… 94
　初歩的な幾何学的知識を得る

㉙ ビニールだこ ……………… 97
　ビニールを切ることをおぼえる

㉚ 紙皿のＵＦＯ ……………… 100
　曲線部分をセロハンテープでとめる

㉛ とびだすロケット …………… 103
　円すいのつくりかたをおぼえる

㉜ ボーリングあそび …………… 105
　小さい口に水を入れる方法を知る

㉝ か ん 馬 …………………… 108
　かなづちを使って穴をあける

㉞ 砂 時 計 …………………… 110
　時間と量を知る

㉟ たまごパックの水車 ………… 112
　はさみ・目打ち・かなづちなどを安全に使う

㊱ ストロー笛 ………………… 115
　音がでる原理に気づく

㊲ まきとり棒 ………………… 117
　両手首を同時に使う活動

㊳ トンガリぼうし入れ ………… 120
　円すいのつくりかたを知る

㊴ シャボン玉 ………………… 123
　大きくて，丈夫な玉がたくさんでるシャボンをつくる

㊵ はねるさかな ……………… 126
　バネのはたらきを知る

㊶ ふしぎなカード …………… 128
　からくりのおもしろさをさぐる

㊷ まつぼっくりにんぎょう …… 130
　ユーモラスな動きをくふうする

㊸ 王冠のギロ ………………… 132
　かなづちを上手に使う

㊹ はねうさぎ ………………… 134
　紙テープをていねいに折る

㊺ どんぐりのやじろべえ ……… 136
　左右のバランスを考える

手づくりおもちゃ年間指導例一覧（4～5歳児対象）

	おもちゃ名　（　）はつくりかた，あそびかたの掲載ページ	
4月	ゴムあそび（P.66） ゴムとばし（P.64）	プロペラ〈6種〉（P.28）
5月	紙飛行機（P.20） 牛乳パックのくじ引き（P.72）	折り紙でっぽう（P.23） 王冠のギロ（P.132）
6月	まきとり棒（P.117） ストロー笛（P.115）	ボーリングあそび（P.105） 紙笛（P.42）
7月	じしゃくの魚とり（P.32） パクパク動物（P.44）	糸でんわ（P.82） ロープウェイ（P.79）
8月	シャボン玉（P.123） 牛乳パックの水車（P.74）	たまごパックの水車（P.112） はねるさかな（P.126）
9月	円ばんとばし（P.69） ジャンプカード（P.49）	砂時計（P.110） はねうさぎ（P.134）
10月	絵合わせカード（P.40） 紙カメラ（P.47）	トンガリぼうし入れ（P.120） ロケット型風車（P.57）
11月	どんぐりのやじろべえ（P.136） 紙皿のＵＦＯ（P.100）	とびだすロケット（P.103） 動くヘビ（P.85）
12月	折り紙だこ（P.97） 紙人形づくり（P.34）	サイコロごまあそび（P.88） まつぼっくりにんぎょう（P.130）
1月	ビニールだこ（P.97） 紙のけん玉（P.34）	ビー玉入れ（P.88） ふしぎなカード（P.128）
2月	ビニールの落下傘（P.94） 紙とんぼ（P.76）	かん馬（P.108） ビニール袋の角ふうせん（P.91）
3月	紙ずもう（P.61）	ブンブンごま（P.52）

Ⅰ 手づくりおもちゃづくりの指導のポイント

　これから紹介します手づくりのおもちゃは，幼児が主体的につくれるということを前提にして，次のようなねらいのもとに選ばれています。
　○工作活動が楽しくでき，手・指先の活動を促進するものであること。
　○さまざまな用具・道具の使い方を知り，それを生かしてつくれるものであること。
　○考える力，工夫する力を養えるものであること。
　○よく知られたおもちゃ（伝承玩具）で，素材やつくり方をかえれば幼児にもつくれるものであること。
　○つくったおもちゃで，友だちといっしょにあそべるものであること。
　○身近で，子どもの人数分の量が手に入りやすい材料でできるものであること。
　さあ，子どもたちといっしょに，楽しみながらおもちゃづくりに取り組みましょう。

❀ 手づくりおもちゃの良さと与えるねらい

　手づくりのおもちゃをつくるとき、「こんな材料がたくさんあるから、これを使ってなにかつくってあげたい」と考えて、つくらせたり、つくってあげたりするケースが多いようです。常日ごろから、こんな材料でなにかつくれるものはないかと考えていくことは大切なことです。

　そして、次のステップとして考慮しなければならない点は、子どもたちの成長・発達をふまえて、この年齢ではこのようなおもちゃを与えたいとか、つくらせたいと考えることです。すなわち、与える側（保育者）としてのねらいをもつわけです。

　ただ単に、子どもがよろこぶから与えるというだけではよくないでしょう。それは、たとえば甘いお菓子はどの子も好きですが、親は、血となり肉となる栄養価の高い食べ物を与えるように心掛けているのと同じように、おもちゃについても、子どもたちの成長の糧となるものを与えてほしいと思うわけです。子どもたちがほしがるおもちゃといえば、動くもの、音がするもの、光るものなどがあり、これらは、おもちゃ屋さんの店先にたくさん並んでいますが、こうしたおもちゃは、やはり甘いお菓子といえるでしょう。もちろん、おもちゃ屋さんには手づくりではできにくいおもちゃで、子どもの創造力を育むものもあります。（合成樹脂でできたブロックなど）

　手づくりおもちゃの良さは、与える側のねらいにそってつくる、つくらせることができるという点があげられます。

　では、この手づくりおもちゃの利点を生かして、与える側のねらいをどこ

においばよいでしょうか。

　手づくりおもちゃを大きく分けると，保育者がつくって与えるものと，子どもにつくらせるものとがあります。3歳未満児の場合は，保育者がつくって与えるものが多くなるわけですが，感覚諸機能を高めるもの，活発な行動を促すもの，手の操作の力を強めるもの，腕・手・指の活動の分化をはかるもの，基礎的な生活習慣を身につけるもの，思考力を高めるもの，といったねらいをもったものが中心になります。

　3歳以上になると，道具を使い，材料を生かしてつくりあげる工作活動が中心になり，子どもたちが主体的につくっていくケースが多くなります。

　本書では，幼児が主体的につくるおもちゃに焦点をしぼって扱います。

　現在，手づくりおもちゃのつくり方が紹介されている本や雑誌はたくさんありますが，幼児につくれて，それであそべるというものは数少ないようです。あっても，保育者が手を貸さないとできない場合が多いようです。

　幼児が主体的な取り組みをするための第一条件は，いろいろな用具・道具をうまく使いこなせることと手先を使ったこまかい作業ができることです。こうしたことをふまえれば，保育者には，子どもの能力に応じた条件設定，配慮が必要になってきます。そして，ここに保育者のねらいもからまってきます。たとえば，この活動部分はどうしても子どもにやらせるとか，ここは別のやさしい方法を指示するとか，ここは幼児にはむずかしいから保育者が事前につくっておくとか手伝うとか，見通しをもたなければなりません。

　見通しをもつためには，子どもにつくらせる前に，必ず保育者自身がつくってみる必要があります。そうすることによって，適切な用具・道具の準備から，ここはどうみても幼児にはむずかしいということがわかったり，ここを少し変えれば幼児にもできるとか，この部分は子どもたちの創意工夫を生かしていける，というように，さまざまなことがわかってきます。

　また，子どもたちにつくらせる前に，保育者がつくったものを見せたり，あそばせることも重要になってきます。これは，何をつくるのかわからないままにはじめるより，完成品を見せる方が，つくる意欲をかきたたせる上で効果的だからです。

ねらいを達成するための手だて

　造形活動に必要な道具の使い方を習得してほしいというねらいをもっていても，たとえば，はさみをじょうずに使いこなすための練習として，ただ紙を切る活動だけでは味けないし，子どももあきてきていやになるでしょう。

　やはり，活動を教材化して楽しいものにするためには，切ったものがおもちゃになり，それであそべるという発展性をもつことが必要になります。

　細い紙に切りこみを入れるだけで，クルクルまわるプロペラができたり，音がでたりすることによって，さらに興味をもって意欲的に取り組むことができるでしょう。

　このように，おもちゃづくりを通して，用具・道具の扱い方を習得しながら，手・指先の巧緻性をも育んでいきます。さらに，科学的な視野を広げ，創意工夫をさせながら，ひとりでできないところは友だちと協力しあってつくりあげる姿勢を育てていくことにもなります。

　手づくりのおもちゃひとつにも，さまざまな要素が含まれています。たとえば紙一枚にしても，折る・まるめる・破る・切ることによって形がちがってきますし，のりづけでも，全面の場合と一部分の場合があります。はさみも一回で切りおとしたり，連続切りで長く切ったり，あるところまで切ってとめるなど，いろいろな切り方があります。さまざまな材料・用具・道具を使い，素材を生かした活動の積み重ねによって，創造的な発展にむすびついていきます。

　手づくりおもちゃをつくる場合，そのプロセスはもちろん大切ですが，つくりあげたものであそべる楽しさがあれば，つくる意欲をさらに高めます。そしてそれぞれにつくったものを相互に見合って，「ここがむずかしかったけど，こうしたらうまくできた」「ここを上にしたらよく飛んだ」「そこの色のつけ方がきれいだ」などと話し合うことは，創意工夫していく土壌をつくることになります。

　つくりっぱなし，あそびっぱなしで終わらないで，見合って話し合うなかで新しい発見をし，共通理解として集団をも高める足がかりとなるでしょう。

子どもたちの創意工夫を，どこにとりいれるか

　造形活動においては，子どもたちに創造性や工夫する力を育てていくことが大きなねらいとなりますが，おもちゃづくりの場合は，おもちゃとしての最低限の機能を発揮できるようにしたうえで，創意工夫の余地を残しておかなければなりません。

　すなわち，飛ぶ・動く・音が出る原理にそってつくりあげたうえで，子どもたちが個々に手を加えることによって，そのものがさらにきれいになったり，おもしろみが増すようにするわけです。逆に，あまり手を加えすぎるとそのおもちゃの特質が失われてしまいますので，その点に関しては気をつけなければなりません。

　また，まわったり，動いたり，飛んだり，音の出るおもちゃの原理を少しでも理解させるために，どうすればもっとよくまわるようになるか，よい音が出るようになるか，よく飛ぶようになるかを，子どもなりに考えさせ，ためさせることも創意工夫といえるでしょう。

　おもちゃの場合，飾るという装飾的なものでなく，まずあそべるという実用性・機能性を重視し，素材の特性を知り，科学的な目を育てるということが前面にでてきます。ですから，そのことに留意したうえで，創意工夫の余地を与えるようにしましょう。

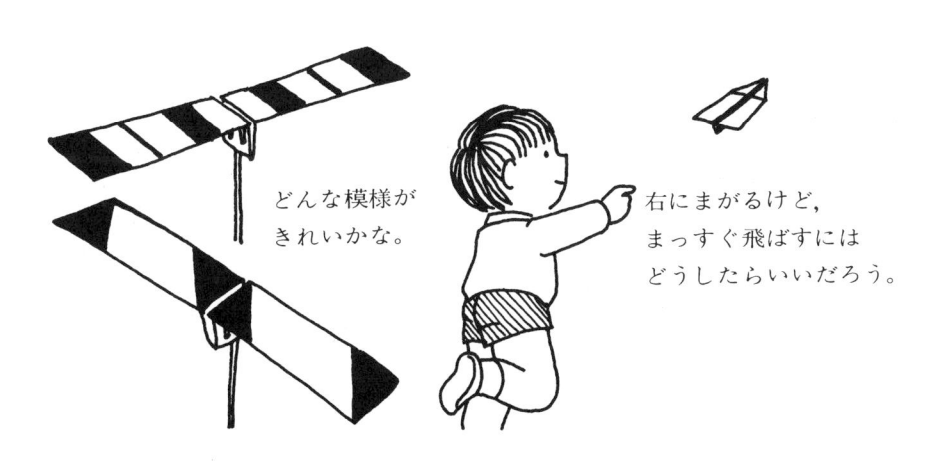

どんな模様がきれいかな。

右にまがるけど，まっすぐ飛ばすにはどうしたらいいだろう。

あそびの発展を考える

　子どもにとっては，身のまわりにある日用品，雑貨などすべてのものがおもちゃになります。とくに，手づくりのおもちゃとなると，それぞれつくったおもちゃを使って，あそびの展開がより豊かになっていく方向を考えなければなりません。

　ストロー1本でも，ほんのすこし手を加えるだけでおもちゃになります。それは，工作的な面からいえば簡単すぎるぐらいですが，それがあそびを広げる道具になれば，すばらしいおもちゃといえるでしょう。

　手づくりおもちゃのなかに，目と手の協応動作や集中力を必要とし，ゲームとして楽しめるおもちゃがありますが，ゲームのルールをかえることによって，多くの発展がのぞめます。

　ですから，手づくりおもちゃはつくるという工作的なねらいと，あそびとしてのねらいの二側面を複合したものとして，保育者は子どもに与えていかねばなりません。

　子どもたちにとって，あそびは生活であり，おもちゃは子どもの成長・発達にとって欠かせない道具です。その道具は限りない可能性をもつことが望ましいわけです。自らの手を動かし，イメージを駆使しながら，友だちとのコミュニケーションを育む，という多様性をもたせるような手づくりおもちゃを，身近な素材からつくりあげていきたいものです。

あそべる壁面装飾をつくろう。

あそびの道具をつくろう。

与える順序性は？ 〈カリキュラムのなかの位置づけ〉

　4月から3月の1年間の流れのなかで、どのようなおもちゃをどういう順序で与えたり、つくらせていくかということです。

　まず、やさしいものからむずかしいものへ、単純なものから複雑なものへという順序が、当然考えられます。やさしいものからむずかしいものへというのは、用具・道具がうまく使いこなせるかどうかと、作業の難易度にもよります。

　また、4～5月の集団づくりという教育課題にもかかわることですが、簡単なものを個々につくり、それを持ち寄って大きなものをつくりあげれば、集団を高めることにもつながり、一石二鳥といえます。

　それから、季節との関係も考える必要があります。たとえば水を使うおもちゃは夏がふさわしいですし、たこあげは12月、1月がよいでしょう。

　その他には、つくったものが屋外であそぶものか室内であそぶものかといった、あそぶ場所もふくめて季節を考えにいれたほうがよいでしょう。

　以上のようなことを選択のポイントとして頭にいれ、与える順序を考えて、年間のカリキュラムのなかに盛りこみます。

　次項で紹介する「つくってあそべる手づくりおもちゃ」のすべてのおもちゃを、年間のカリキュラムにしてみましたので、6頁を参照してください。

用具・道具が、うまく使えるかな。

用具・道具

❋ はさみ

　最近は，ステンレス製でよく切れるはさみが出回っています。使うときは正しく持たせ，はさみが垂直になるようにして切ります。脇があくとはさみが寝てしまってよく切れないので，脇をしめて使わせます。

❋ カッターナイフ

　紙の中を切りぬくときに必要ですが，細心の注意をはらって使わせる必要があります。使うときは必ずカッター板か新聞紙を下に敷いて，テーブルを傷つけないようにします。刃の出しすぎはケガのもとです。

❋ ホッチキス

　薄い紙の場合はよいのですが，厚手の紙をとめるときに押しきれず，針の先が曲がらない状態のままになることがあり，うっかり針で指を突きさすことがあります。危なくないかたしかめるようにしたほうがよいでしょう。

❋ 目打ち・千枚どおし

　穴あけには欠かせないものですが，慎重に使わせないといけません。刃先のすべてを使って穴をあけることが少ないので，刃先1～2cmを残して握り，穴をあけるようにします。

❋ のり

　よく中指にのりをつけてぬるように指示していますが，幼児の場合，人さし指につけて，きちんとのりをつけたり，のばしたりするほうがよいでしょう。そのとき必ずフキンを準備しておいて，手をふかせるようにします。

❋ セロハンテープ

　テープカッター台に入れたものを用意します。はる部分が多いときは，ある程度の長さに数本切り，机のはしにつけておくと，作業中に使いやすくなります。とくに片手で紙をおさえているときなどは便利です。

❋ ガムテープ

　いつも紙を切っているはさみで，何回もガムテープを切ると，のりがはさみにつき，開閉しにくくなるので，気をつけましょう。

〈用具・道具類〉

- はさみ
- ホッチキス
- カッターナイフ
- ものさし
- ペンチ または, ラジオペンチ
- カッター板
- 目打ち または, 千枚どおし
- のり
- 木工ボンド（接着剤）
- セロハンテープ
- ビニールテープ
- ガムテープ
- かなづち
- くぎ

材 料

　つくるおもちゃを考慮して，ある程度長期的な見通しをもって材料を集めるようにしましょう。また，日常において，下記のような材料（空容器類）は各家庭で用意してもらうことを習慣化して，材料別にダンボール箱に分けて整理しておくと，随時使えて便利です。また，子どもの人数とつくるものを考慮して，材料の確認をしておくことも必要です。

〈空容器類〉

- 牛乳パック（1000cc, 500cc）
- あきかん
- プリン，アイスクリームの容器
- たまごパックのケース
- せっけん箱
- トイレットペーパーの芯
- ホイルの芯
- シャンプーの容器
- 菓子箱

〈生活用品類〉

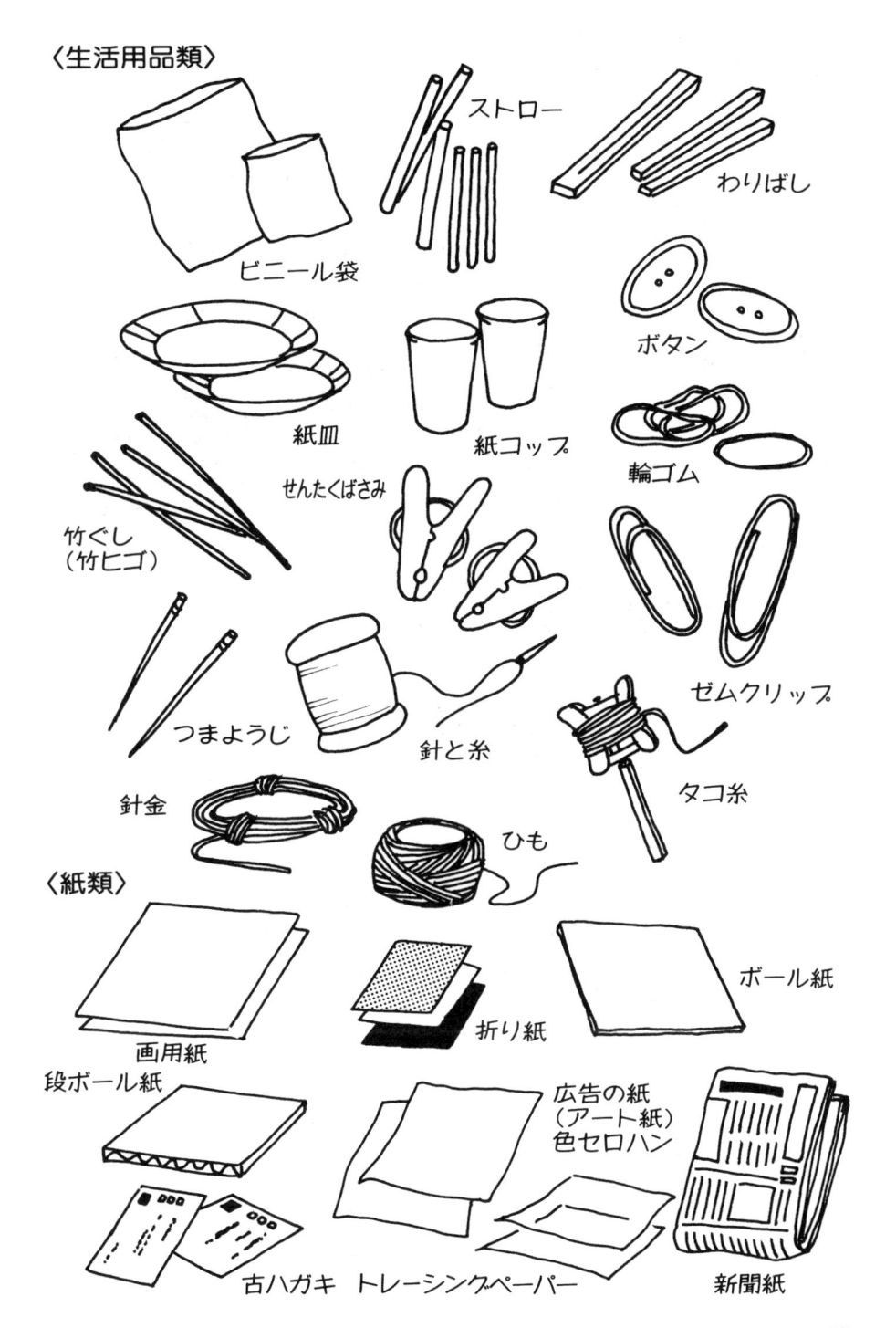

ビニール袋　ストロー　わりばし

紙皿　紙コップ　ボタン　輪ゴム

竹ぐし（竹ヒゴ）　せんたくばさみ　ゼムクリップ

つまようじ　針と糸　タコ糸

針金　ひも

〈紙類〉

画用紙　折り紙　ボール紙

段ボール紙　古ハガキ　トレーシングペーパー　広告の紙（アート紙）色セロハン　新聞紙

〈自然物, 遊具, その他〉

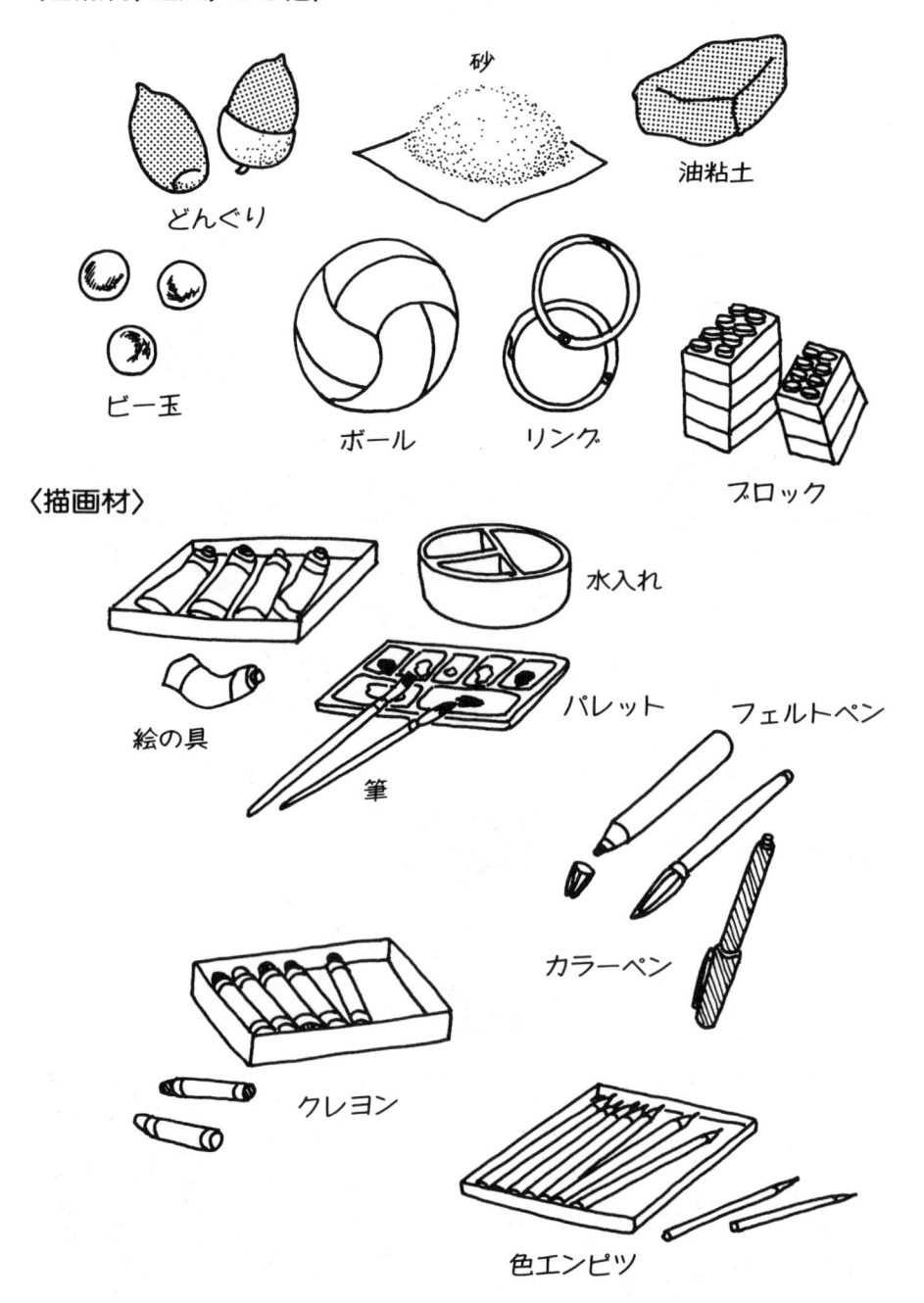

- どんぐり
- 砂
- 油粘土
- ビー玉
- ボール
- リング
- ブロック

〈描画材〉

- 絵の具
- 水入れ
- パレット
- 筆
- フェルトペン
- カラーペン
- クレヨン
- 色エンピツ

II

つくってあそべる 手づくりおもちゃ

　つくったものであそべるということは，意欲的な造形活動につながります。これから紹介します手づくりおもちゃは，保育園，幼稚園での実践を経たものです。
　おもちゃひとつにでも，つくりかたはいろいろあります。幼児だけでできるやさしいつくりかた，すこしむずかしいので保育者が手伝ってつくるものなど，あそびの展開例とともにあげておきました。
　保育者としてのこまかい配慮が必要なところもたくさんあります。単に，つくりかただけでなく，実践的な指導書として，実際に指導するときの留意点をふまえて，楽しい活動を展開できるよう工夫してあります。

① 紙飛行機

指示通り紙を折る　飛ぶ工夫をする

❀ 用意するもの

折り紙，または広告の紙

❀ 主な活動

・指示されたとおりにきちんと紙を折る。
・よく飛ぶようにするにはどうしたらよいかを考えさせる。

❀ 指導のポイント

・いか飛行機と三角飛行機は，代表的な紙飛行機の折りかたです。折りかたをまちがえないように，指示に従ってきちんと折ることが大切です。
・はじめて教えるときは，保育者が①から順に折ってみせ，一段階ずつ子どもたちに折らせて，きちんと折れているかを確認しながらすすんでいく必要があります。
・飛ばす場所は広いところがよいでしょう。風が強くなければ屋外で飛ばし，強ければ保育室で飛ばすようにします。
・飛ばしてみて，まっすぐ飛ばずに左右にまがってしまう場合は，紙飛行機の後ろから見て，左にまがるときは右翼の後角をすこし上にそらし，右にまがるときは左翼の後角をすこし上にそらせます。
また，頭部が軽いようでしたら，おもりになるようにゼムクリップをつけるなど，工夫する必要があります。
・この紙飛行機の折りかたになれたら，機首を二重に折ってみたり，翼を細くしてみたり，工夫をこらして，飛ばしてみるのも楽しいものです。

いか飛行機

〈つくりかた〉

① ② 裏返す ③

④ 裏を出す。 ⑤ ⑥

⑦ 折り返す。 ⑧ できあがり。

〈あそびかた〉

飛ばすときは，胴体の重心点のあたりを持つようにしましょう。

あまり力を入れすぎないように，水平よりやや下向きに軽くおしだすように放すのがコツです。

三角飛行機

〈つくりかた〉

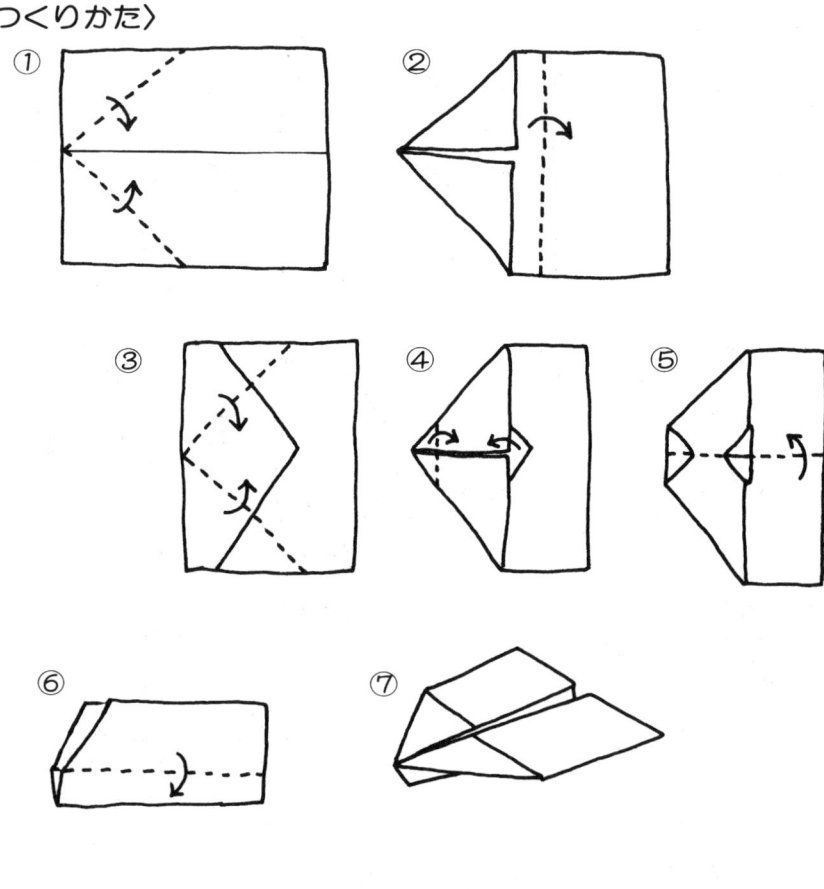

① ② ③ ④ ⑤ ⑥ ⑦

放してもすぐに放物線を
えがきながら落下すると
きは翼の最後部をすこし
上げてみて，調整しなが
ら飛ばしてみましょう。

② 折り紙でっぽう
大きな紙を正確に折る

❀ 用意するもの
新聞紙，または大きめの広告の紙

❀ 主な活動
・決められたとおりに紙を折る。

❀ 指導のポイント
・事前に保育者がつくったものをもって部屋にいき，"パン，パン"ならしてみせ，子どもたちに興味をもたせます。
・新聞紙の折りかたは，保育者が１段階ずつ折っていき，そのつど子どもたちの折りかたを確認しながらつくりあげます。
・どうしてもやぶれやすいので，予備の新聞紙を用意しておき，やぶれたら，また新しくつくらせるようにします。

〈あそび例〉

背中合わせに立ち，１，２，３で３歩すすみます。そして，ふりむくと同時に紙でっぽうをならします。大きな音がした方が勝ちとなります。

〈つくりかた〉

① 四つの角を折る。

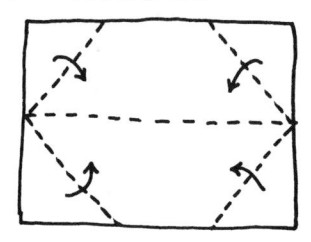

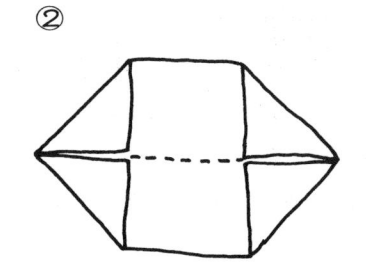

②

③ 左右を折りかさねる。

④ ③の点線のところを折る。

⑤ 一方を折りこみ，もう一方も同様に折りこむ。

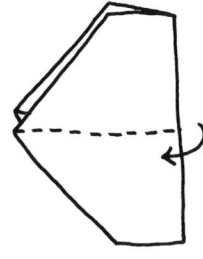

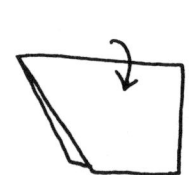

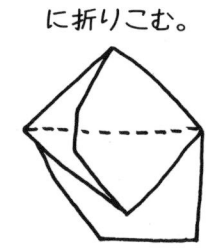

〈あそびかた〉

折りこみのなかに小さく切った色紙を入れておくと，ひらくと同時に飛びだします。

ここを持ち，力を入れてふりおろします。

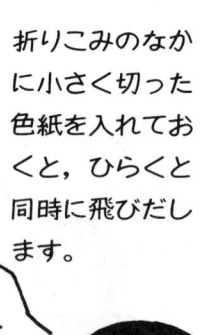

ぱん！

③ 折り紙だこ

はさみ・目打ちの使い方をおぼえる

❀ 用意するもの

折り紙，画用紙，上質紙，タコ糸，はさみ，目打ち

❀ 主な活動

・折り紙を折る。（飛行機を折るように）

・はさみで切る。

・画用紙を小さく切ってはる。

・目打ちで穴をあけ，糸をとおしてむすぶ。

・上質紙を細長く切って，のりではりあわせる。

❀ 指導のポイント

・正方形の折り紙を，飛行機を折るようにきちんと折らせます。①—→④

・先をはさみで切るとき，図⑤のような角度でななめに切らせます。

・画用紙を2.5cm×1.3cmに切らせるには，あらかじめ保育者が画用紙に線をひいておき，それにそって切らせるようにします。そして，画用紙ののりづけのときは，図⑥の位置にはりつけます。

・あげ糸をつける位置は，先端から$\frac{1}{3}$のところですが，目安になる長さの厚紙をあてればわかるようにしておくとよいでしょう。そして，胴体の幅のまん中に目打ちで穴をあけさせ，タコ糸をとおしますが，むすぶのは保育者が手伝います。

・尾は，1cm幅で長さ70cmですが，事前に上質紙に線をひいておき，それにそって切らせ，のりをつける部分を指示してはらせます。

・年齢が低い場合は，保育者が切っておいて，子どもたちにはのりをつけてはらせるだけでもよいでしょう。

〈つくりかた〉

正方形の折り紙を使う。

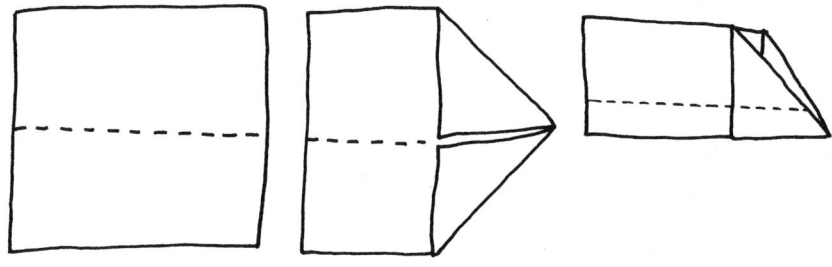

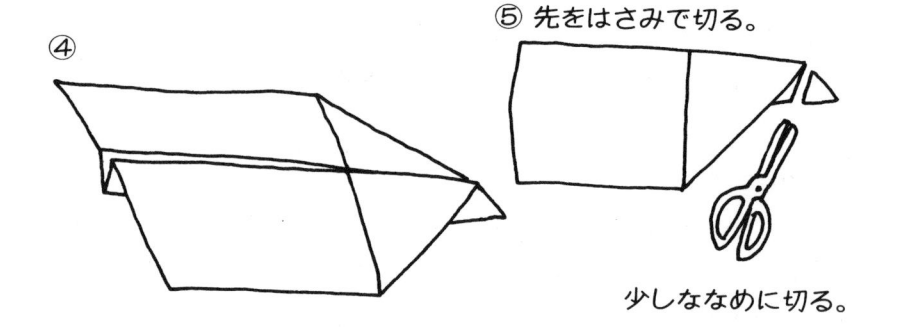

① きちんと二つに折る。　② 飛行機のように折る。　③

④

⑤ 先をはさみで切る。

少しななめに切る。

⑥ 2.5cm×1.3cmぐらいの大きさに切った画用紙をのりではる。

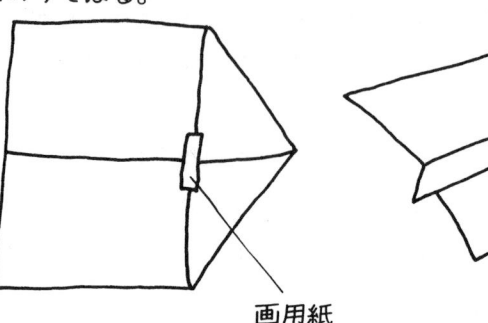

画用紙

⑦ 先から$\frac{1}{3}$のところに目打ちで穴をあけ，タコ糸をつける。

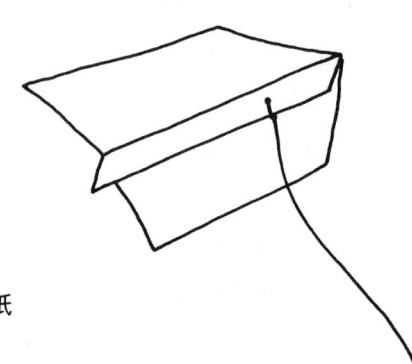

⑧ 1cm×70cmぐらいの長さの上質紙を使って尾をつくり，のりではりつける。

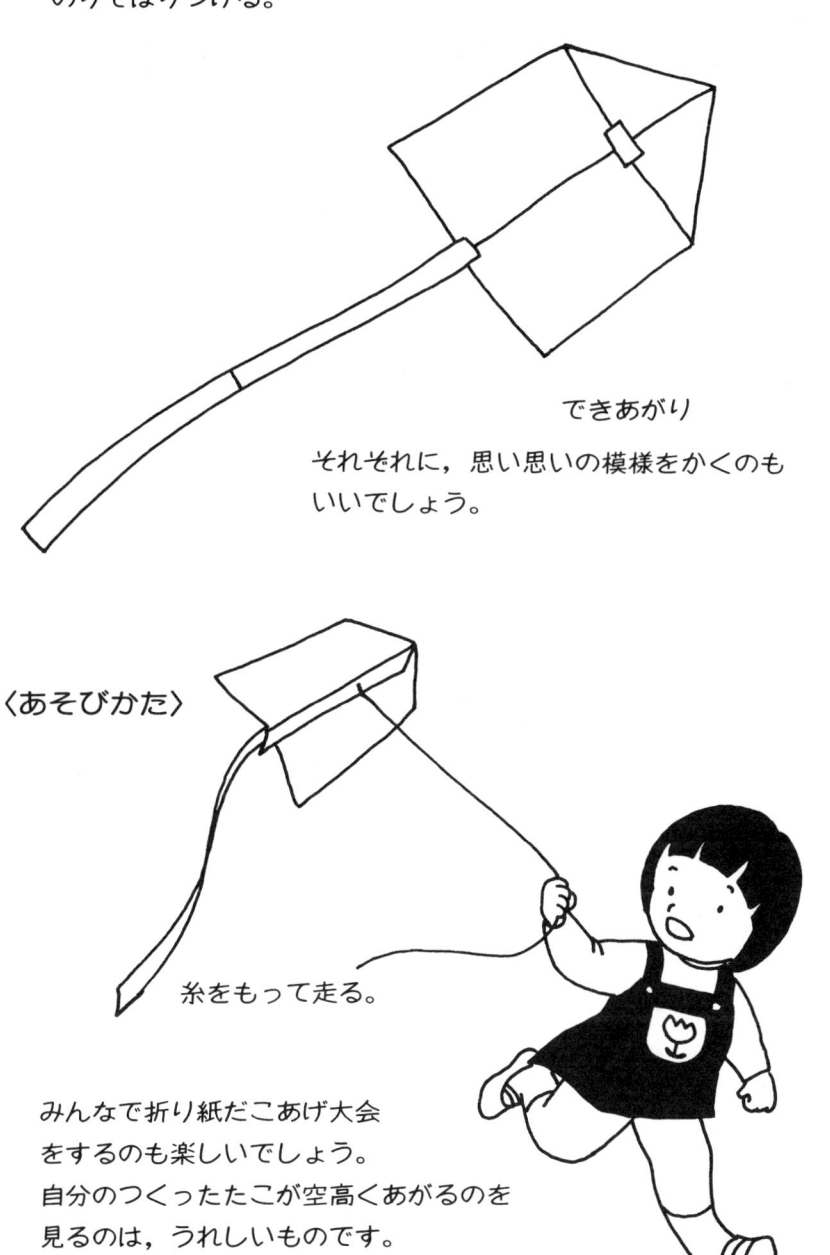

できあがり

それぞれに，思い思いの模様をかくのもいいでしょう。

〈あそびかた〉

糸をもって走る。

みんなで折り紙だこあげ大会をするのも楽しいでしょう。
自分のつくったたこが空高くあがるのを見るのは，うれしいものです。
どういう日が，よくあがるでしょうね。

④ 紙のプロペラ

はさみを自在に使う　指先の作業に集中する

❀ 用意するもの

　　〈その１〉～〈その４〉画用紙，ゼムクリップ，はさみ，クレヨン

　　〈その５〉画用紙，はさみ，クレヨン

　　〈その６〉折り紙（色紙），はさみ，ホッチキス

❀ 主な活動

・画用紙，折り紙を線にそって切る。

・ゼムクリップでとめる。ホッチキスでとめる。

・紙を指示された方向に折る。

・細い紙を組み合わせる。〈その５〉

❀ 指導のポイント

・プロペラのつくり方を６種類のせましたが，それぞれ①のかたちに切るのを子どもたちにさせます。そのため，あらかじめ切ったり，折り曲げる線をかいた紙を用意して与えます。

・はさみの練習を教材化したものです。切りこんで途中ではさみをとめたり，細長く切りおとしたりすることを注意深くさせましょう。

・それぞれのプロペラの羽に色をぬり，回転したときの色の感じを見させます。

・〈その５〉の３本の紙の帯を組み合わせるプロペラはむずかしいので，個別指導を必要とします。

・〈その６〉は，紙の両はしを合わせてホッチキスでとめるところがむずかしいようですが，何枚かつくらせるとコツがつかめます。いろんな色で数多くつくらせてもよいでしょう。たくさんつくって運動会のくす玉の中にいれて使うこともできます。

〈つくりかた〉 〈その1〉

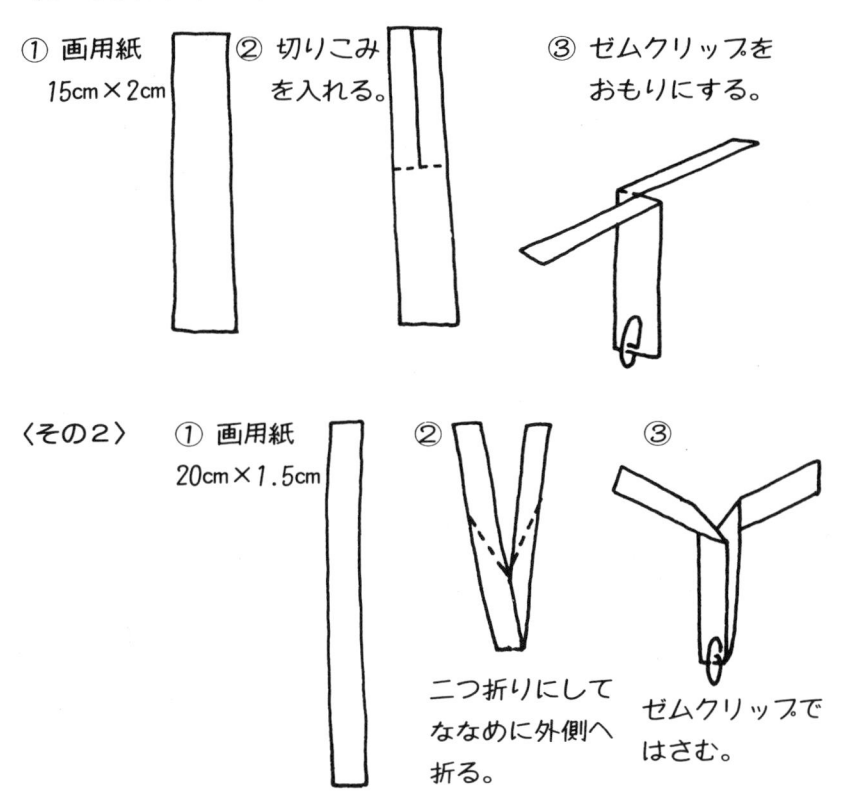

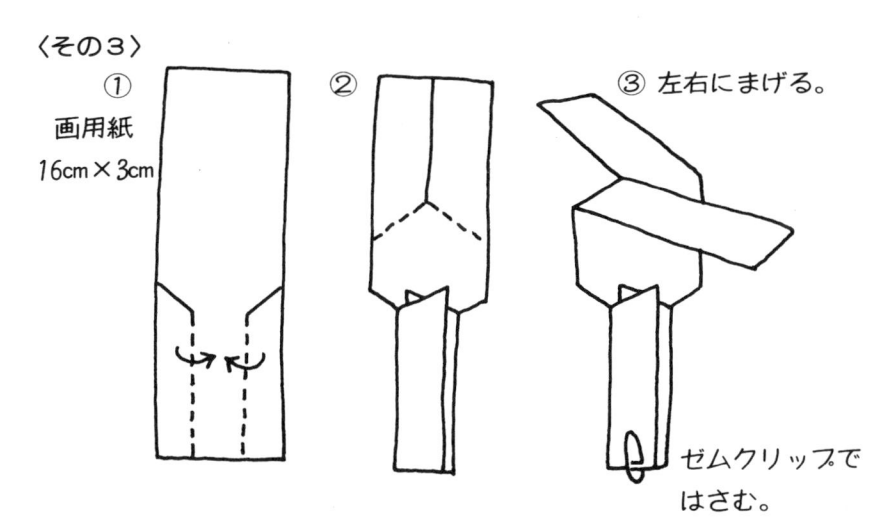

① 画用紙
15cm×2cm

② 切りこみを入れる。

③ ゼムクリップをおもりにする。

〈その2〉

① 画用紙
20cm×1.5cm

②

二つ折りにしてななめに外側へ折る。

③

ゼムクリップではさむ。

〈その3〉

① 画用紙
16cm×3cm

②

③ 左右にまげる。

ゼムクリップではさむ。

29

〈その4〉

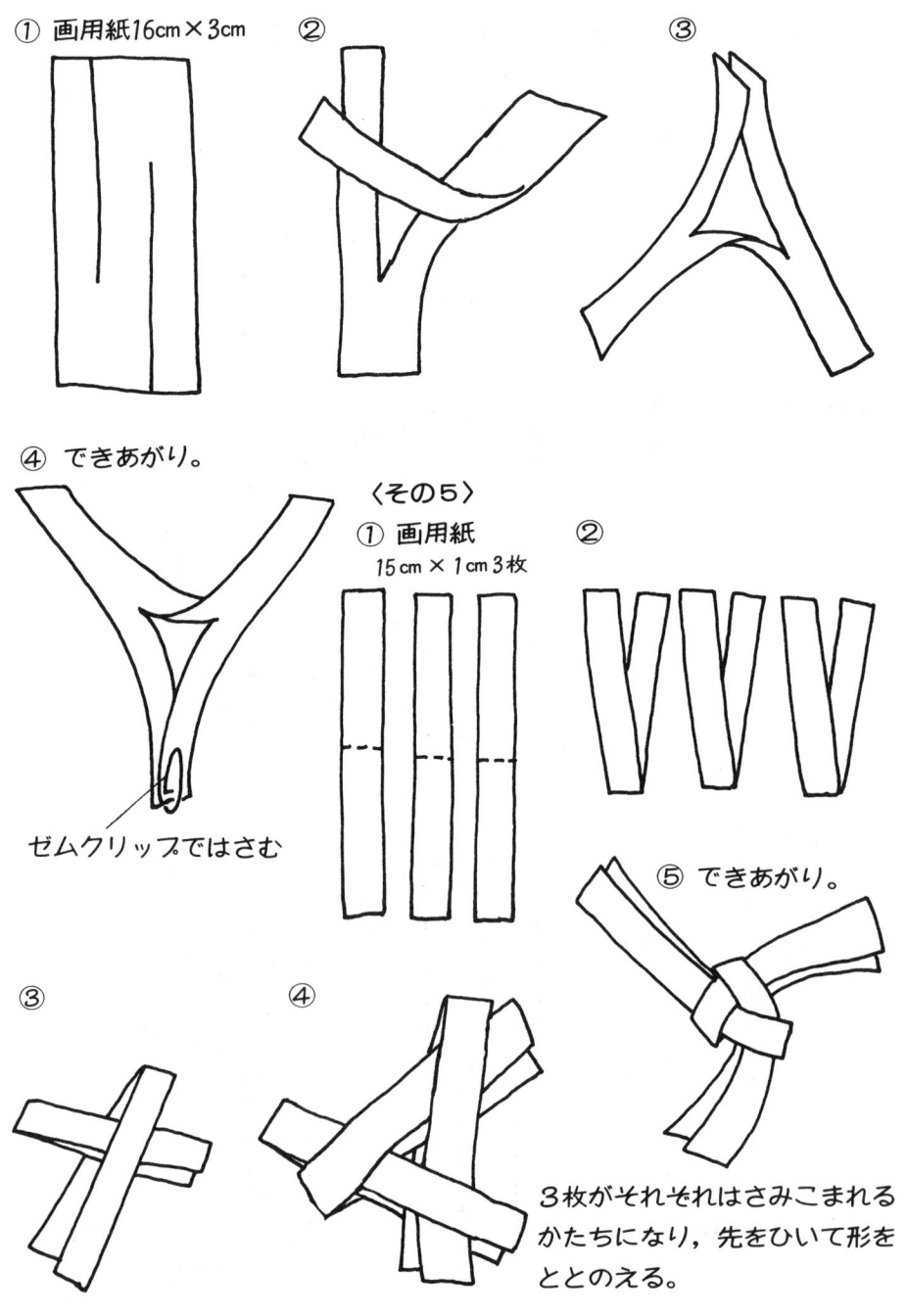

① 画用紙16cm×3cm
②
③
④ できあがり。

ゼムクリップではさむ

〈その5〉

① 画用紙 15cm×1cm 3枚
②
③
④
⑤ できあがり。

3枚がそれぞれはさみこまれるかたちになり、先をひいて形をととのえる。

〈その6〉

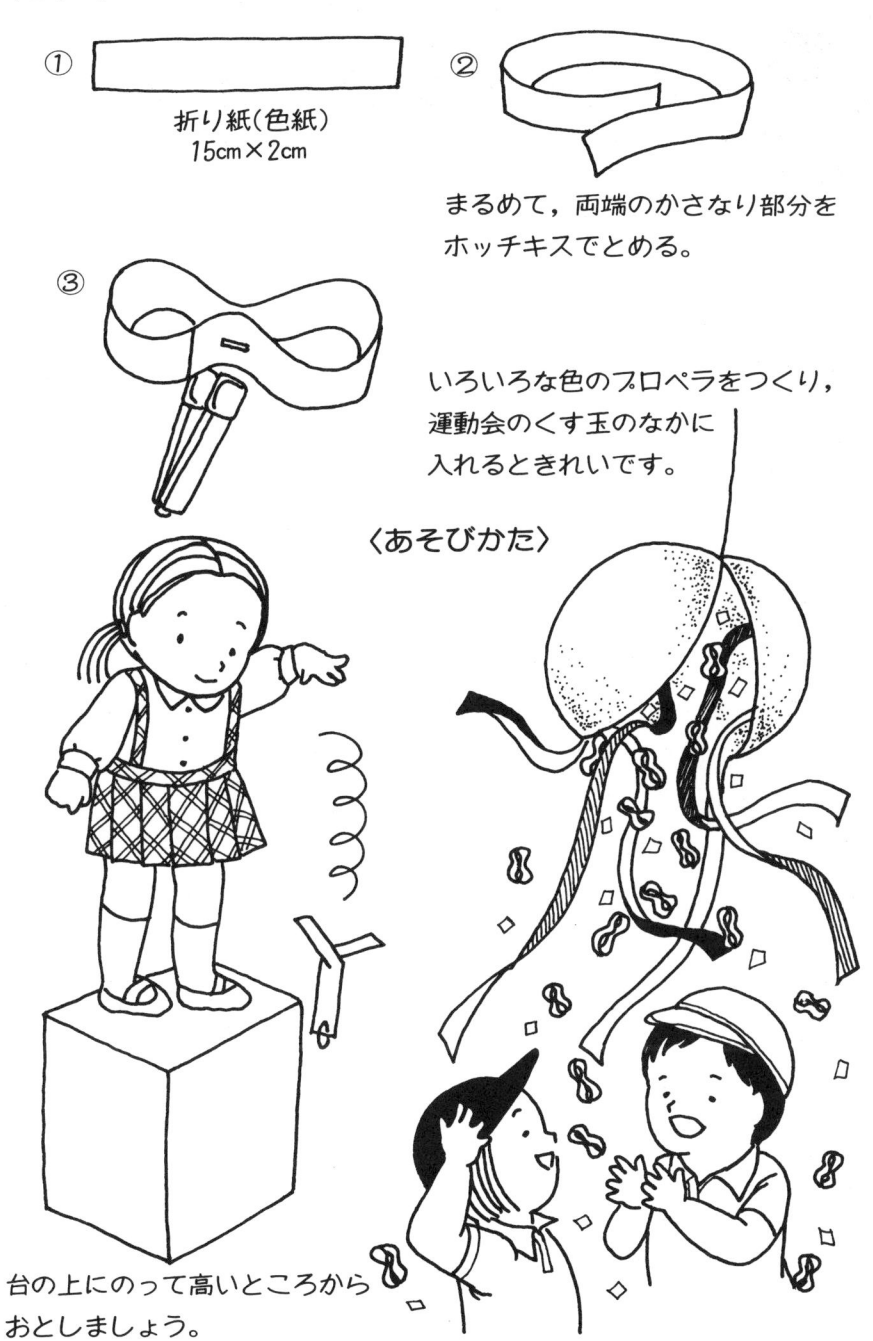

① 折り紙（色紙）
15cm×2cm

② まるめて，両端のかさなり部分を
ホッチキスでとめる。

③

いろいろな色のプロペラをつくり，
運動会のくす玉のなかに
入れるときれいです。

〈あそびかた〉

台の上にのって高いところから
おとしましょう。

31

⑤ じしゃくのさかなつり

じしゃくの性質を知る

🌸 用意するもの

画用紙，クレヨン，はさみ，ゼムクリップ，50cmぐらいの棒または竹，じしゃく，タコ糸

🌸 主な活動

・画用紙にいろいろなさかなの絵をかく。
・かいた絵をはさみで切りぬく。
・じしゃくと棒をタコ糸でつなぐ。

🌸 指導のポイント

・じしゃくの強さも関係しますが，あまり大きな魚をつくると釣りあげる途中で落ちてしまいます。魚の絵をかかせるための画用紙の大きさを決めて，そのなかにかかせるようにするとよいでしょう。
・しかし，同じ大きさの画用紙だけですとうなぎのような長い魚がつくれません。細長い紙も用意しておくといろいろな形の魚ができます。
・魚は観察活動をしながら実物にちかいものにしたり，装飾的なカラフルなものにして，ひとりに1～2匹つくらせます。
・じしゃくをむすぶ糸を長くしたり，釣りざおになる棒を長いものにしたり，いろいろな条件を加えてみましょう。
・保育室の全体を使って，あそびを発展させましょう。たとえば机やイスをまるくならべて池や川にみたてたり，大きな積木で船を構成して，その中から釣りをさせるなど，いろいろな場面を設定すると楽しいあそびになります。

〈つくりかた〉

画用紙にクレヨンまたはフェルトペンで絵を描いて，その形に切りぬき，口のところにゼムクリップをつける。

じしゃくにタコ糸をむすび，細い棒か竹にむすんで釣りざおにする。

〈あそびかた〉

糸を長くする，棒を長くするなど条件を変えたり，机やイスを使って場面設定を考え，あそびを発展させましょう。

⑥ 紙ケン

はさみで曲線を切りぬく

🌸 用意するもの

厚目の画用紙，エンピツ，はさみ，タコ糸，わりばし，セロハンテープ

🌸 主な活動

- ドーナツ型（二重の円）の丸を切りぬく。
- 切りぬいた紙とわりばしに糸をつける。

🌸 指導のポイント

- 二重円を書く方法には，保育者が正方形の紙にコンパスで書いておくやり方と，直径の違う円の型紙二枚を子どもたちにわたしてかかせるやり方の二種類があります。そして，かいたものを円の中心で二つ折りにして，二重の半円を切るようにします。
- 切りとった紙とわりばしに，タコ糸をむすぶ方法にも二通りあり，保育者が手伝ってむすんであげるやり方と，子どもたちに巻きつけさせて，その上からセロハンテープでとめさせるやり方があります。
- 使用する画用紙が薄すぎると，うまくあそべないので，なるべく厚手の画用紙を使ってください。中厚口のものでしたら，切りぬいた紙の上にビニールテープを2cm角ぐらいに切ったものをはっていくと，ある程度の重みになり，模様にもなります。

〈つくりかた〉〈その1〉

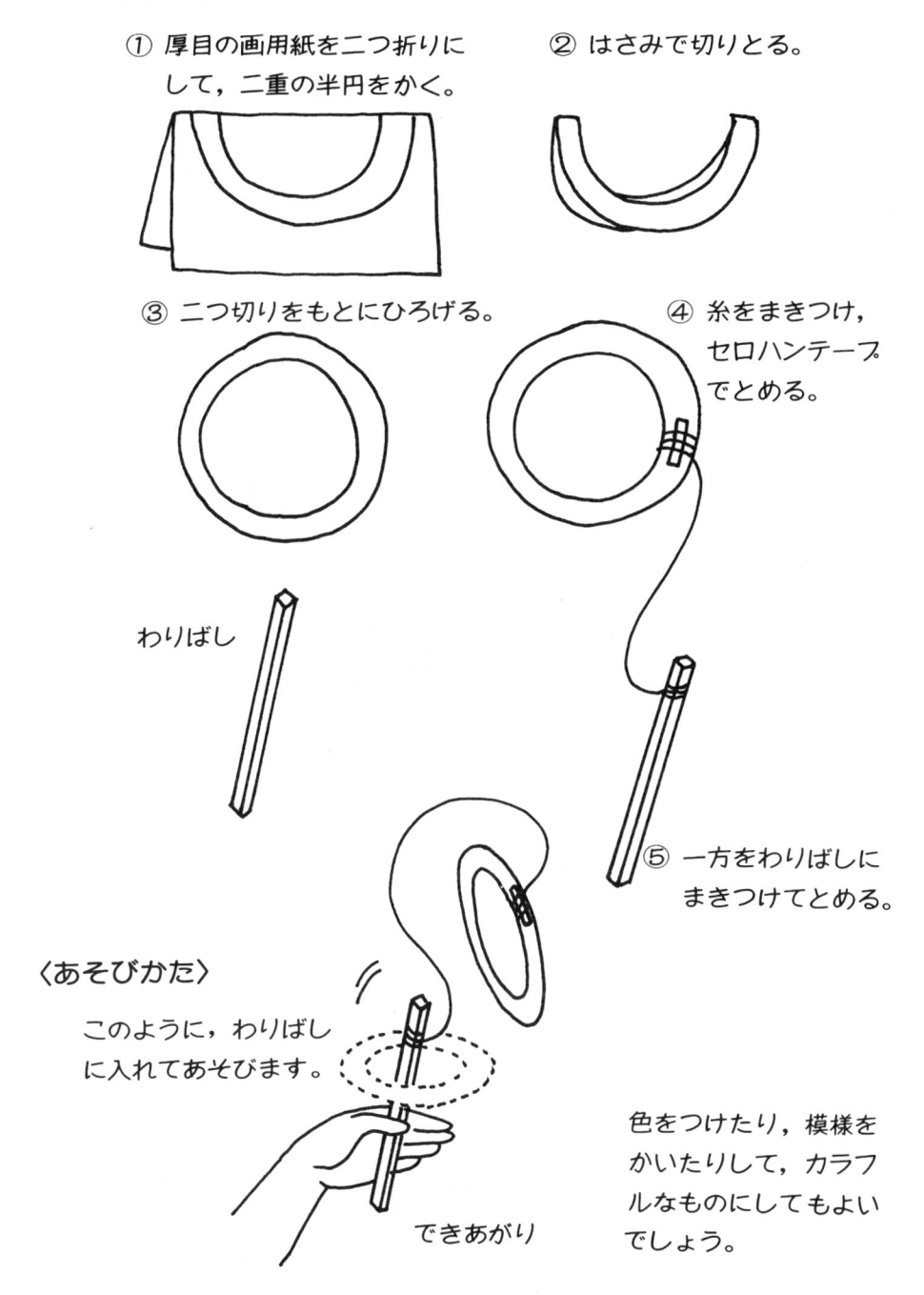

① 厚目の画用紙を二つ折りにして，二重の半円をかく。

② はさみで切りとる。

③ 二つ切りをもとにひろげる。

④ 糸をまきつけ，セロハンテープでとめる。

わりばし

⑤ 一方をわりばしにまきつけてとめる。

〈あそびかた〉
このように，わりばしに入れてあそびます。

できあがり

色をつけたり，模様をかいたりして，カラフルなものにしてもよいでしょう。

〈その2〉

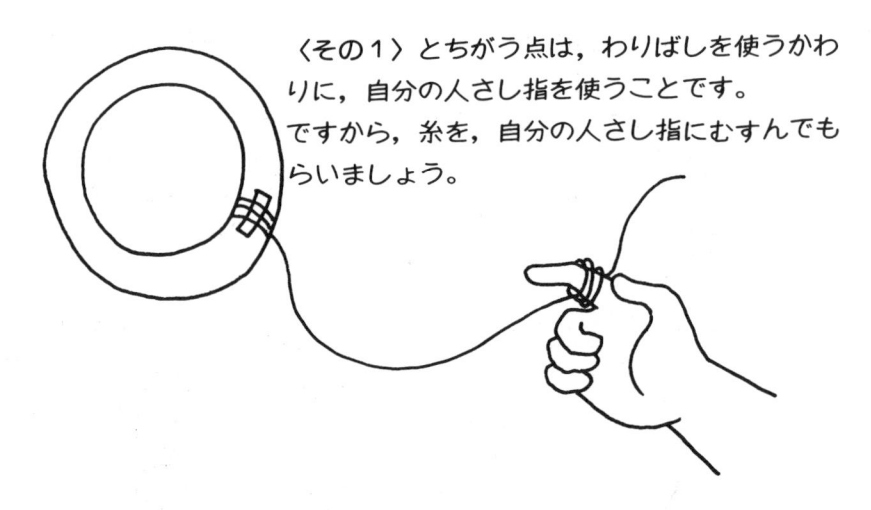

〈その1〉とちがう点は，わりばしを使うかわりに，自分の人さし指を使うことです。ですから，糸を，自分の人さし指にむすんでもらいましょう。

〈あそびかた〉

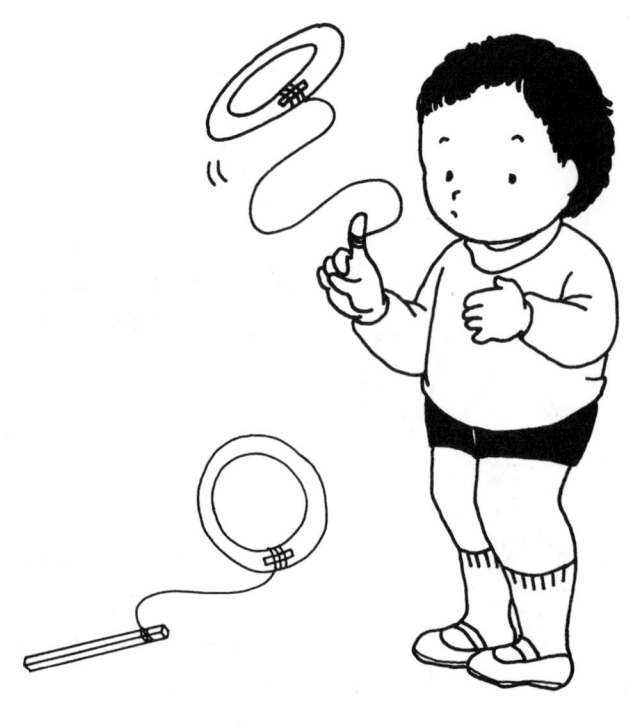

人さし指だけでなく，人さし指と中指の2本にいれるように考えたり，あそびかたを工夫しましょう。

7 紙人形づくり

複雑な曲線をはさみで切りぬく

🌸 用意するもの

画用紙，白ボール紙，輪ゴム，はさみ，クレヨン，セロハンテープ，毛糸

🌸 主な活動

・絵をかく。
・かいた絵をはさみで切りぬく。
・わりばしと紙とをセロハンテープで接着する。

🌸 指導のポイント

・〈その1〉画用紙にクレヨンで絵をかくのですが，人形がかきやすい大きさにした画用紙を与えます。八ッ切の画用紙を与えますと，人形の大きさがバラバラになってしまいます。
・切りぬいた人形の裏にわりばしをおいて，セロハンテープでとめるときには，わりばしの3面にセロハンテープがつくようにはらせます。
・〈その2〉の動く人形の場合は，人形の絵をかくときに手足をつけてかいて切りぬき，そのあとで手と足をつけ根から切りおとして，ゴムで接続するようにします。
・でき上がった人形はペープサートのように使って，おはなしあそびに発展できます。背景をつくったり，舞台装置をつくらせて，人形劇ふうにするのもよいでしょう。
・人形は，画用紙や白ボール紙を切りぬいただけでもよいのですが，髪の毛のところに毛糸をつけたり，ポケットやボタンは身近にある材料を使ってはったりして，工夫するのもよいでしょう。

〈つくりかた〉〈その1〉

画用紙にクレヨンで絵をかき，それをはさみで切りぬく。

切りぬいた人形の裏にわりばしをおき，セロハンテープでぴったりとめる。

〈あそびかた〉

ペープサートとして，おはなしあそびに発展させましょう。

〈その2〉

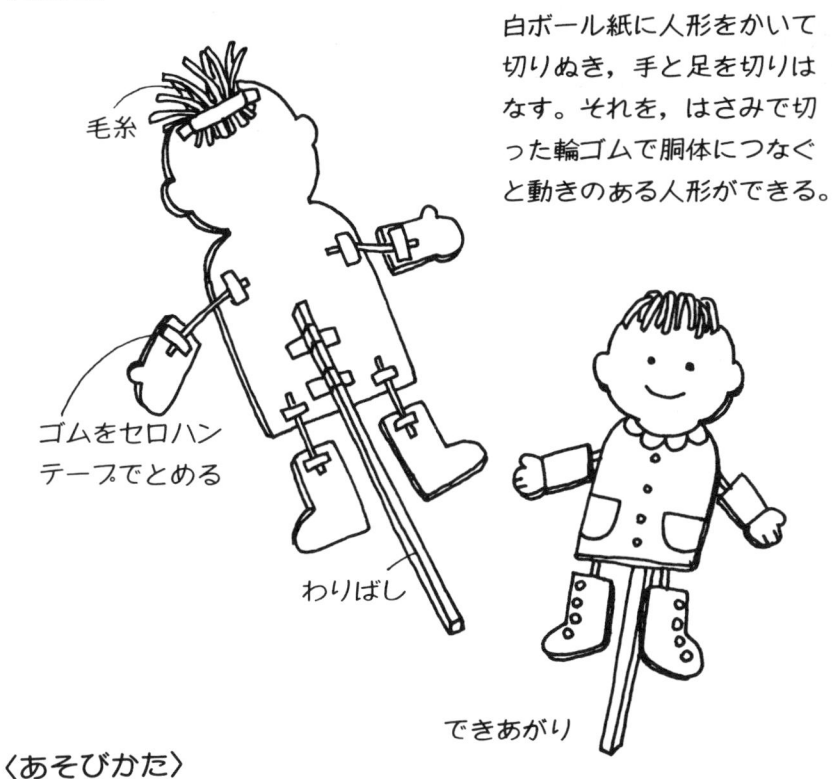

白ボール紙に人形をかいて切りぬき，手と足を切りはなす。それを，はさみで切った輪ゴムで胴体につなぐと動きのある人形ができる。

毛糸

ゴムをセロハンテープでとめる

わりばし

できあがり

〈あそびかた〉

おはなしにあわせた場面を設定して人形劇あそびを展開しましょう。

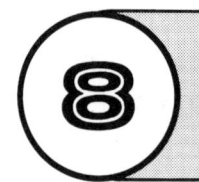

⑧ 絵合わせカード
部分と全体を識別し，構成する

🌼 用意するもの
白ボール紙または厚手の画用紙，クレヨン，はさみ

🌼 主な活動
・さかな，動物，くだものの絵をかく。
・はさみで三等分，四等分に切って分割する。

🌼 指導のポイント
・絵にかくものは，3文字のもの，4文字のものを中心に選びます。
・タテ長，ヨコ長の白ボール紙になるべくいっぱいにはいるように，絵をかかせるようにします。かき始めるまえに，子どもが知っている身近なものでかきやすいものをあげておいて，そのなかから選んでかかせるようにしたほうがよいでしょう。
・はじめは，絵を合わせることだけを目的としてつくらせます。
・つぎに，そのカードの裏に名称の文字をいれるようにします。その際，順序だてて文字指導をしているところでは，子どもたちに文字をかかせてもよいのですが，そうでない場合は，保育者がかいてあげることにします。
・別の方法として，広告の紙やカレンダー，雑誌のカラー写真などで，子どもが興味をもちそうなものを，あらかじめ切りぬいて集めておき，それを子どもに渡して，ボール紙や画用紙にのりではらせて，3等分，4等分にはさみで切らせてつくる絵（写真）合わせカードもつくれます。

〈つくりかた〉

白ボール紙にさかなやどうぶつやくだものの絵をかく。

そして3文字の名のものは3等分に切り，4文字の名のものは4等分に切りわける。

裏側に名称の文字を1字ずつ書きこむ。

〈あそびかた〉 ばらばらのカードのなかから，つながりのあるカードを集めて一枚の絵をつくりあげる。

⑨ 紙笛

紙を細くまく方法をおぼえる

😊 用意するもの

広告の紙（薄手のアート紙）またはトレーシングペーパー，セロハンテープ，はさみ，丸いエンピツ

😊 主な活動

・紙を直径8mmぐらいの輪にしてまいていき，セロハンテープでとめる。
・まいた紙を指示されたとおりにはさみで切る。

😊 指導のポイント

・紙を細くまいていくのはかなりむずかしい作業ですが，エンピツを利用すると簡単にできます。まず丸いエンピツに紙をまきつけ，エンピツをぬいて，セロハンテープでとめるのです。
・むずかしいのは，一方の先にはさみをいれるところです。三角形ができるよう両方から$\frac{1}{3}$ずつ切るわけですが，切りおとさないように注意しましょう。そして，できた三角形を筒の穴の方に折らせます。
・他の音がでるおもちゃは吹きますが，このおもちゃのユニークな点は，吸って音をだすという点です。あまり強く吸いすぎても音がでなくなりますので，軽く吸うのがコツです。吸いすぎて音がでなくなるのは，三角形の紙と筒の口の間隔がないためです。音がでないときは，ときどき吹いて適度な間隔を保つようにします。また，筒の長さの多少のちがいは，音がでるでないに関係ありません。
・手づくり楽器の演奏に使えるでしょう。

〈つくりかた〉

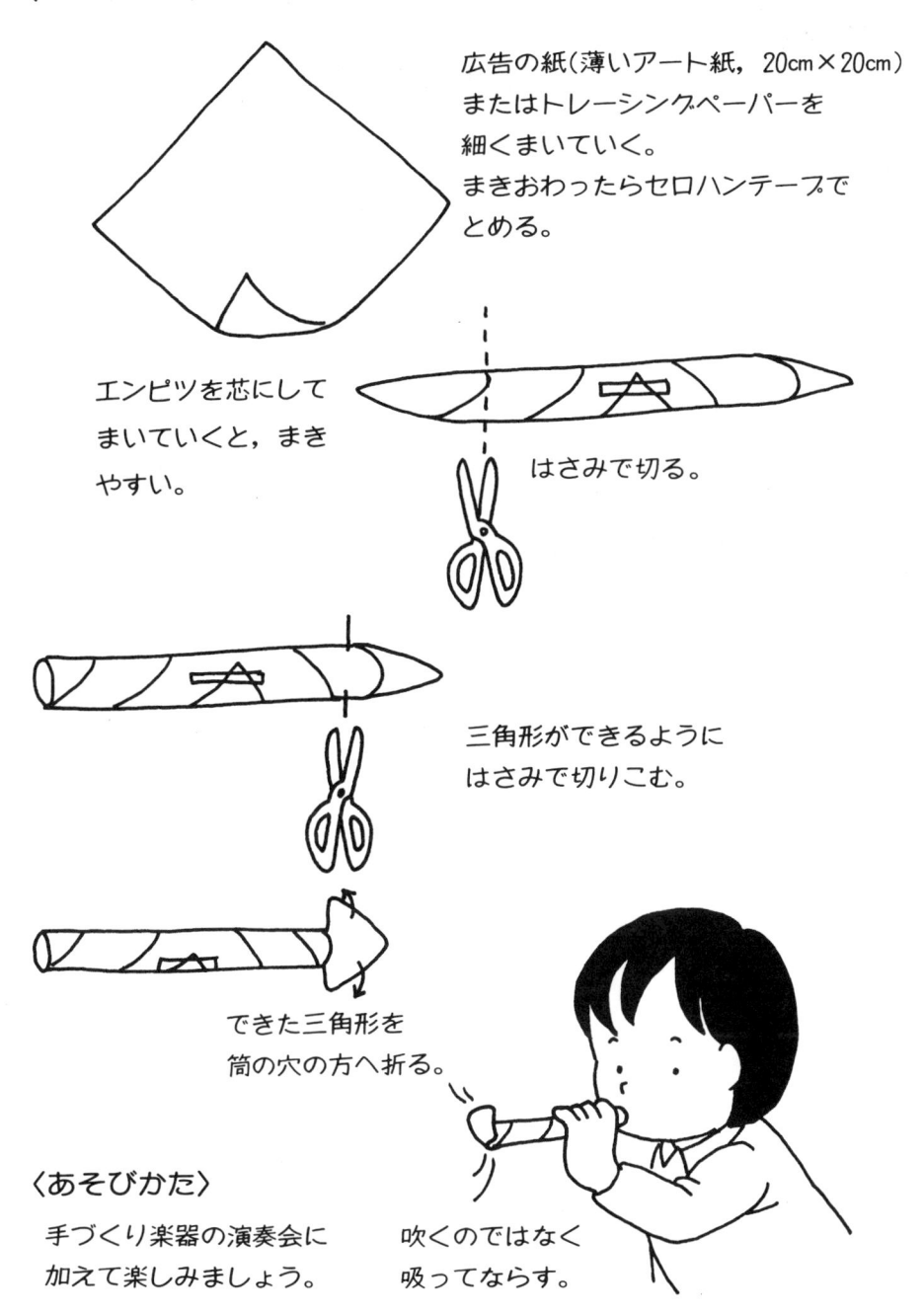

広告の紙（薄いアート紙，20cm×20cm）
またはトレーシングペーパーを
細くまいていく。
まきおわったらセロハンテープで
とめる。

エンピツを芯にして
まいていくと，まき
やすい。

はさみで切る。

三角形ができるように
はさみで切りこむ。

できた三角形を
筒の穴の方へ折る。

〈あそびかた〉

手づくり楽器の演奏会に
加えて楽しみましょう。

吹くのではなく
吸ってならす。

⑩ パクパク動物

指示通り紙をきちんと折る

😊 用意するもの

画用紙（八ッ切），はさみ，フェルトペン，カッターナイフ

😊 主な活動

・指示どおりに画用紙を折ってかたちをつくる。
・はさみ，カッターナイフで切りこみを入れ，切ったところを立てる。

😊 指導のポイント

・画用紙（八ッ切）を与え，保育者が一段階ずつ折りかたをやってみせ，子どもたちに同じように折らせます。折りかたはひとつひとつ子どもたちが折っているのを確認しながらすすめます。
とくに図⑤⑥⑦のところは，まちがいやすいので注意が必要です。
・図⑧のようにできたら，両脇をもって開閉しますと，口があいたりとじたりします。
・図⑧までできたら，フェルトペンやクレヨンで目をかいたり，顔に色をぬらせます。
・耳をつけるときは，図⑨のように裏側の紙と紙の間にはさみをいれて，切ったところを上におこすと耳ができます。
・また，鶏冠（とさか）をつくる場合は，カッターナイフで裏側に切りこみをいれて，上におこします（図⑩のように）。そのとき，表側まで切ってしまわないように気をつけます。
・口を開閉させる練習をして，おはなしあそびに使いましょう。
・口の開閉がしっかりしているので，エンピツとかフェルトペンのようなものでしたら，口にくわえさせることもできます。

〈つくりかた〉

① 点線にそって折る。

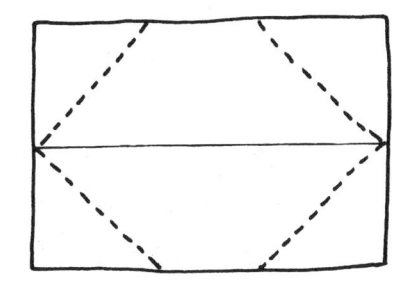

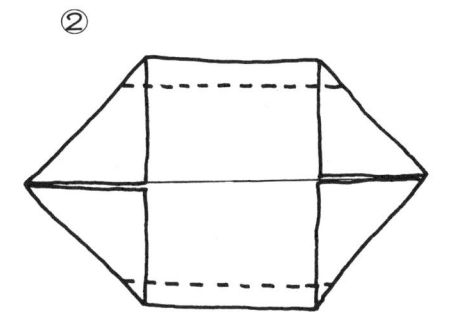

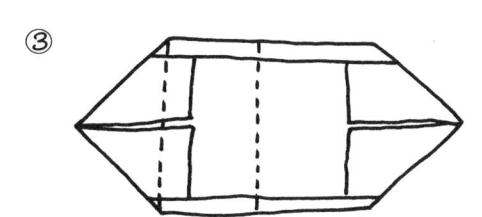

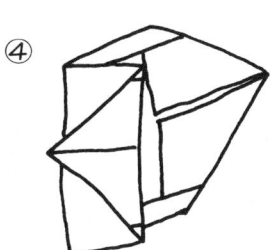

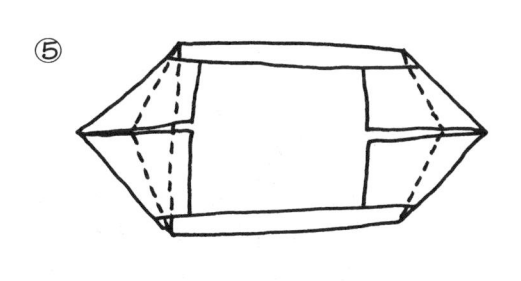

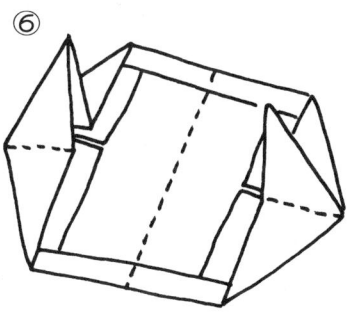

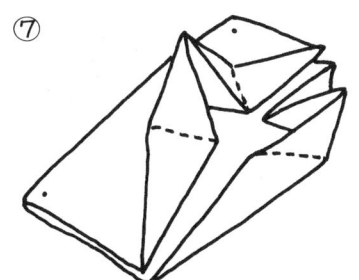

②

③

④

⑤

⑥

⑦

・印をもって、口が前に出るように半分に折る。

⑧

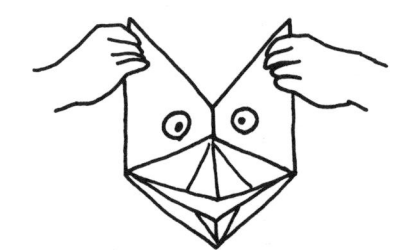

目もかき入れましょう。

両脇を開閉すると
口がうごきます。

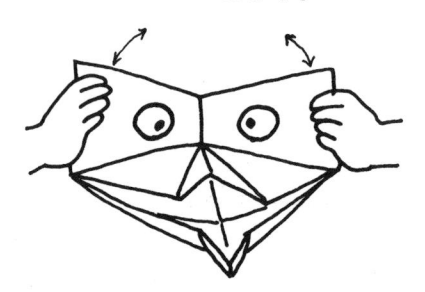

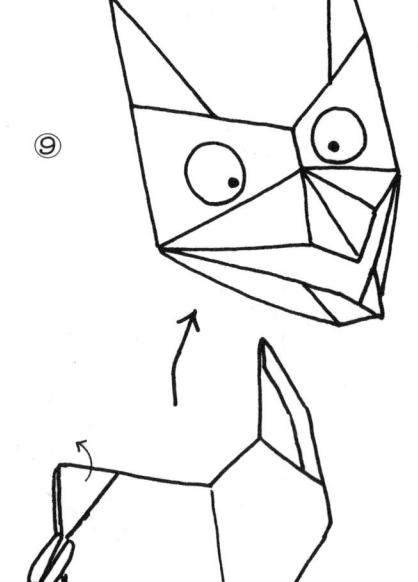

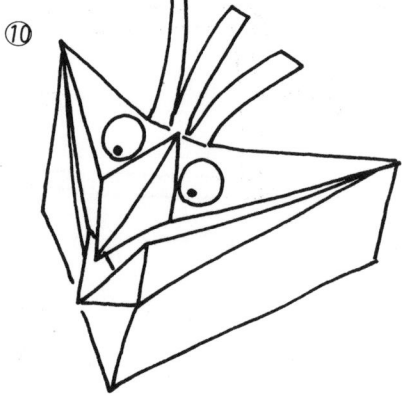

⑨

⑩

耳をつける。

11 紙カメラ

カッターナイフの使い方をおぼえる

❀ 用意するもの

ケント紙または厚手の画用紙，カッターナイフ，定規，クレヨンまたはフェルトペン

❀ 主な活動

・切りこみのところはカッターナイフを使う。
・絵をかく。

❀ 指導のポイント

・図のように厚手の画用紙またはケント紙（20cm×12cm）に切りこみ線をかき，子どもたちに渡します。
・切りこみ線のところに定規をあてて，カッターナイフで切ります。その際切りこみ線以外を切らないように，カッターナイフの扱いについての注意が必要です。
・表側の下の部分がフイルムとなるところです。そこに「おとうさん」「おかあさん」「友だちの顔」をかかせます。
・そして，裏の上の部分にカメラのレンズの絵をかかせます。
・二つ折りにして，レンズの部分を人物の前にさしいれるところは，説明だけではわかりにくいので，実際にさしこんでひらいてみせるようにします。
・人物をかいたところ（表側の下）に，絵のかわりに本人の写真をのりではって，お誕生日カードとして使ってもおもしろいでしょう。
・子どもたちに与えるカッターナイフには十分な注意が必要です。とくに刃がかんたんにスライドして出し入れできるものは危険性が高くなります。切りこみ線の切断が終ったら，刃をしまって保育者のもとへ回収してください。

〈つくりかた〉

表　　　　　　　裏

カッターナイフで切りこみ線を切る。

←切りこみ線

←切りこみ線

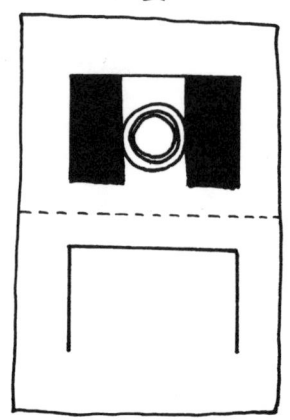

厚手の画用紙または，ケント紙
20cm×12cm
表裏ともに左図の位置に絵をかき2つ折りにする。

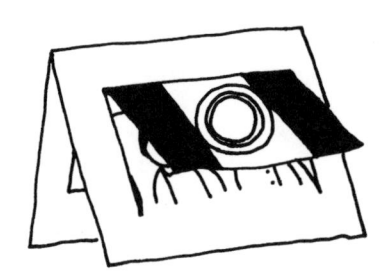

2つ折りにしてレンズの絵をさしこんで出す。2つ折りをひらくように「ハイ，パチリ」とひろげると，人物がでてくる。

カッターナイフで線のところを切るとき，定規をあてて，きちんと切る。

カッターナイフの扱いには，十分注意しましょう。

12 ジャンプカード

段ボールを折る　輪ゴムの弾力性を知る

🌸 用意するもの

段ボール紙，輪ゴム，はさみ，クレヨン

ボール紙，ガムテープ

🌸 主な活動

- 段ボール紙を二つに折る。
- はさみで切りこみをいれる。
- 輪ゴムをかける。
- ボール紙をはさみで切る。
- 二枚の紙をガムテープでつなぐ。

🌸 指導のポイント

- 〈その1〉 5cm×12cmのダンボール紙を与えて，まんなかから折って二つ折りにさせます。そして図③のように切りこみをいれて輪ゴムをかけます。輪ゴムをかける前にクレヨンで，カエルの絵などをかかせておいてもよいでしょう。
- 反対に折りかえして，手をはなすとゴムの弾力性でジャンプしながら，パッチンと音がします。
- 〈その2〉は，〈その1〉よりも作業がひとつふえるわけです。5cm×6cmのボール紙（厚紙）を2枚用意して，その二枚をすこしすきまをあけてならべ，その上をガムテープではり，裏側へとガムテープをまわしてはりつけます。あとは〈その1〉と同じです。
- あそびかたは簡単です。机の上に置き，指をはなしてとびあがって音がするのを楽しんだり，上に投げあげて音がでるのを楽しんであそびます。

〈つくりかた〉〈その1〉

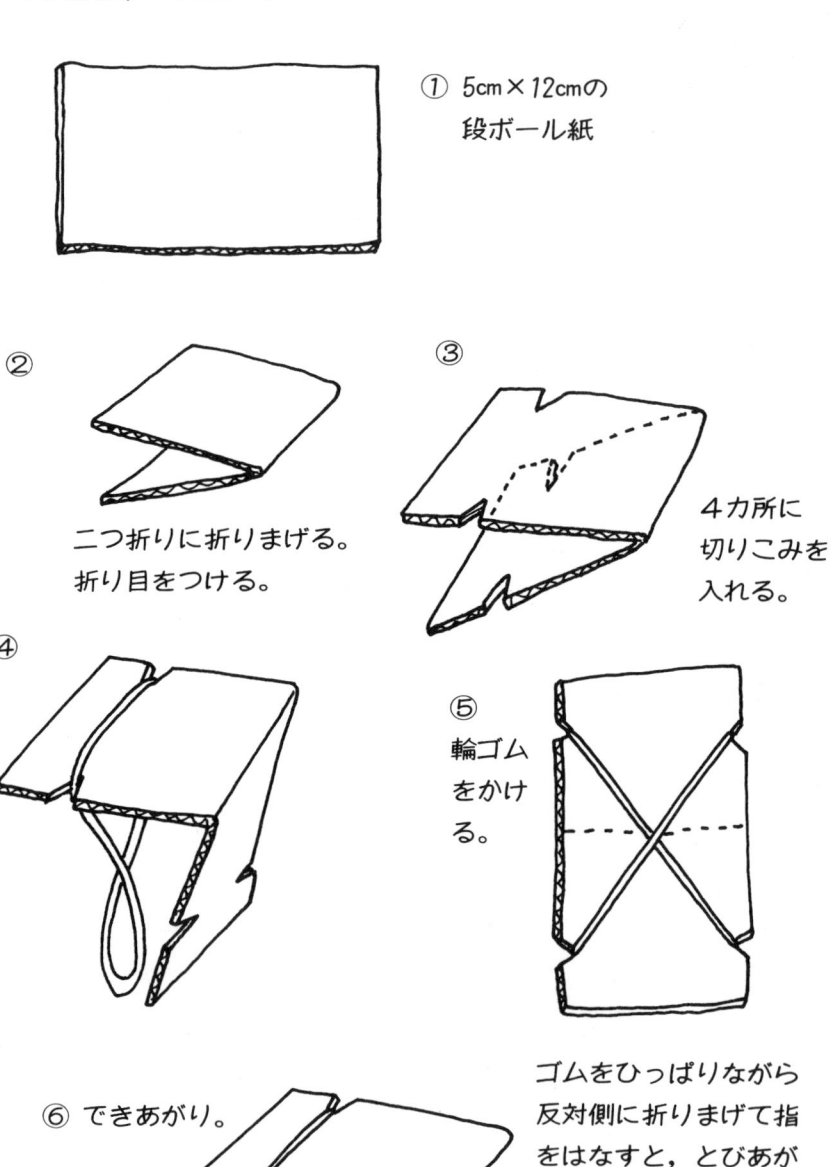

① 5cm×12cmの段ボール紙

② 二つ折りに折りまげる。折り目をつける。

③ 4カ所に切りこみを入れる。

④

⑤ 輪ゴムをかける。

ゴムをひっぱりながら反対側に折りまげて指をはなすと、とびあがって音がする。

⑥ できあがり。

〈あそびかた〉

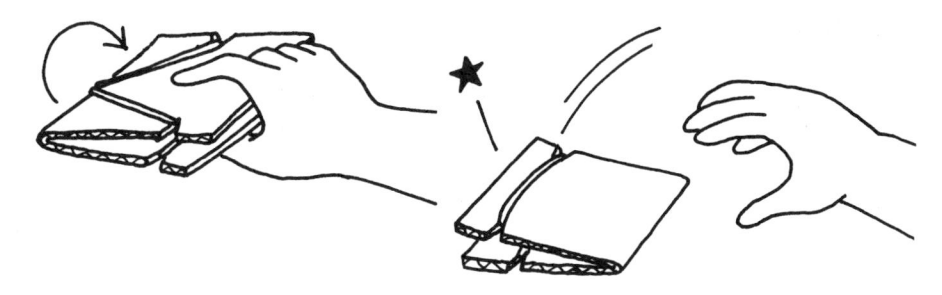

〈その2〉

① 5cm×6cmのボール紙2枚

② ガムテープ
2枚のボール紙をガムテープでつなぐ。
あとは〈その1〉と同じようにする。

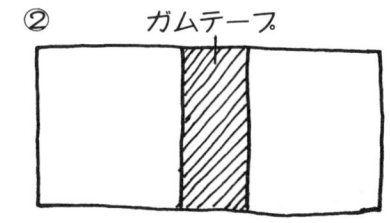

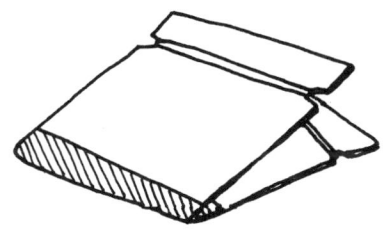

〈あそびかた〉
上へなげあげると,空中でパチンと音がする。

13 ブンブンごま
はさみで曲線を切りぬく

😊 用意するもの
　白ボール紙または厚紙，クレヨンまたはカラーペン，タコ糸，はさみ

😊 主な活動
・はさみで線にそってまるく切る。
・目打ちで穴をあけ，その穴にタコ糸をとおす。
・いろいろな色や模様をつける。

😊 指導のポイント
・直径5cmぐらいの丸をかいた厚紙を渡してはさみで切らせます。厚紙の厚さにもよりますが，薄目の紙の場合はまるく切ったものを2枚重ねてのりづけをさせます。3～4歳児にはまるく切ったものを与えます。
・色のぬりかたは，保育者がかいた見本を見せ，実際にまわしたときに色がどうなるかを話しあわせ，各自に色ぬりをさせます。
・穴をあける位置を保育者が指定して，目打ちで穴を2カ所あけさせます。そのとき，穴と穴の間隔は1cmぐらいにします。
・子どもの肩幅の2倍ぐらいの長さに切ったタコ糸を渡して，その穴に通させます。糸むすびは保育者が手伝います。
・まわしてあそぶとき，手首をまわして糸をより，それをひっぱったりゆるめたりする運動がなかなかむずかしいところです。保育者がまわしかたを見せて，まわすコツがわかるまでやらせます。
・段ボール紙を使って，二枚の間にボタンを入れてつくると，ブンブンと大きな音でうなるブンブンごまができます。いちばんかんたんなのは，平らで大きめの二ツ穴のボタンに糸をとおしてむすんだだけのブンブンごまです。

〈つくりかた〉
二ツ穴のボタンがあればすぐにブンブンごまができる。

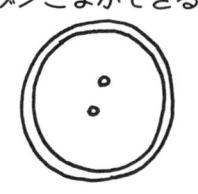

いろいろなかたちのブンブンごまをつくってみよう。

目打ちで，穴を二つあける。

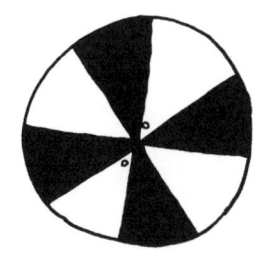

いろいろな色や模様をつけてみよう。

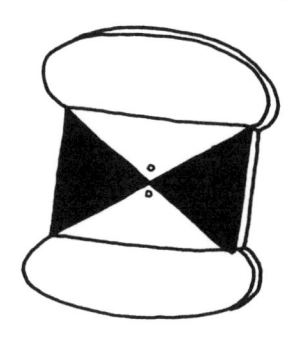

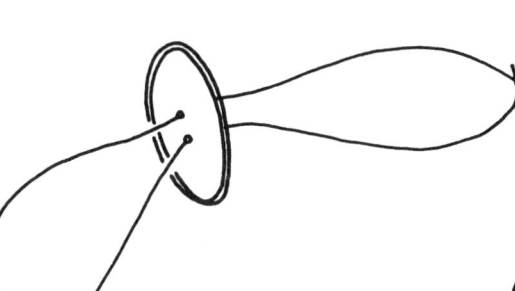

子どもの肩幅の2倍ぐらいのタコ糸をとおしてむすぶ。

〈あそびかた〉
手首を使って糸をより，左右にひっぱったりゆるめたりすると，まわりながらブンブンと音が出ます。

14 立方体をつくる
サイコロごまあそび

❀ 用意するもの

厚手の画用紙，竹ぐし（竹ヒゴ），のり，はさみ，つまようじ，ボール紙

❀ 主な活動

・のりづけしてサイコロを組み立てる。
・円形，正三角形，正方形，長方形，楕円形，多角形を画用紙を切りぬいてつくる。

❀ 指導のポイント

・サイコロ（立方体）をつくる作業は幼児にはむずかしいので，保育者がサイコロの展開図をかいて切りとります。子どもたちはそれをのりづけして組み立てます。組み立ては保育者がひとつひとつのりづけとはりあわせる位置を指示していきます。
・はりあわせて，のりが乾いてから，竹ぐしをななめに対角線上にさしこみます。竹ぐしの先は尖っているので，先をすこし切りおとします。
・立方体の六面に，円形，正三角形，正方形，長方形，楕円形，多角形に切った色紙をはりつけます。
・6つの形のカードはあそぶ人数分だけ切ってつくります。
それぞれ6つの形は，保育者が画用紙に線がきしておき，線にそって切ればつくれるように準備します。
・あそびかたのルールは，いろいろ考えられます。形だけを集めるとか，形と色をあわせるなど，いろいろ工夫してみてください。
・また，サイコロではなく，白ボール紙をまるく切って，そのまんなかにつまようじや竹ヒゴをとおして，こまをつくってもよいでしょう。その上に6つの形をはりつけて，まわしてあそびます。（図を参考に）

〈つくりかた〉

① 保育者が用意したサイコロの展開図

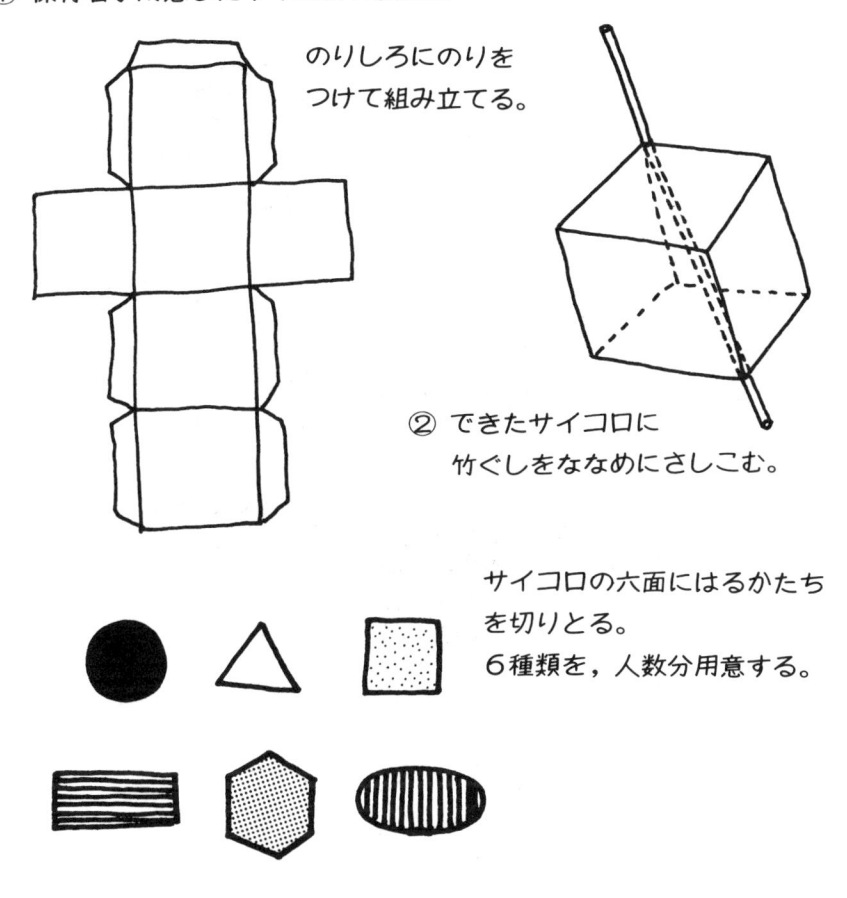

のりしろにのりをつけて組み立てる。

② できたサイコロに竹ぐしをななめにさしこむ。

サイコロの六面にはるかたちを切りとる。
6種類を，人数分用意する。

サイコロごまのかわりにえんばんごまを作ってもよい。

〈あそびかた〉

〈ルール例〉

　６つの形（円形，正三角形，正方形，長方形，楕円形，多角形）を，それぞれひとつずつ，早くあつめた者が勝ち。
　順番にサイコロごまをまわし，出た面の形をとる。前にとった形がでたら，それはとれない。
　カードはそれぞれの形を人数分，用意する。

15 ロケット型風車

画用紙で円すいをつくる

❀ 用意するもの

画用紙（八ッ切），糸，セロハンテープ，はさみ，ホッチキス，エンピツ，絵の具またはフェルトペン

❀ 主な活動

- 画用紙（八ッ切）を使って，円すいをつくる。
- ホッチキスとセロハンテープでとめる。
- はさみで等間隔の切りこみをいれる。
- 絵の具で模様をかく。

❀ 指導のポイント

- 〈その１〉は八ッ切の画用紙をまるめて，円すいをつくる方法です。トンガリぼうしのようにまるめて，ホッチキスでとめるまでが子どもたちにとってはむずかしいので，まるめたらひとりがおさえて，もうひとりがホッチキスでとめるようにするとよいでしょう。そして，下部を円すいになるように切るわけですが，ゆがみのない底辺にするのはむずかしいことです。切って机の上に置いてみると，きちんとした円すいになっているかどうかがわかります。ぐらつくようでしたら，でっぱりを切って直すようにします。
- 円すいができたら，その底辺に垂直に切りこみ（２〜３cm）を等間隔にいれるのですが，先にエンピツで切りこみ線をつけさせ，確認してから切るようにします。
- 〈その２〉の場合は，まず円を切ってから，円の中心まで切りこみをいれてつくる方法です。切りこみのいれ方によって，円すいの底辺の直径がかわってきます。糸をつけない方法もあるわけです。（図を参照）
- 色をぬる場合，〈その１〉はつくった後に，〈その２〉は最初にぬります。

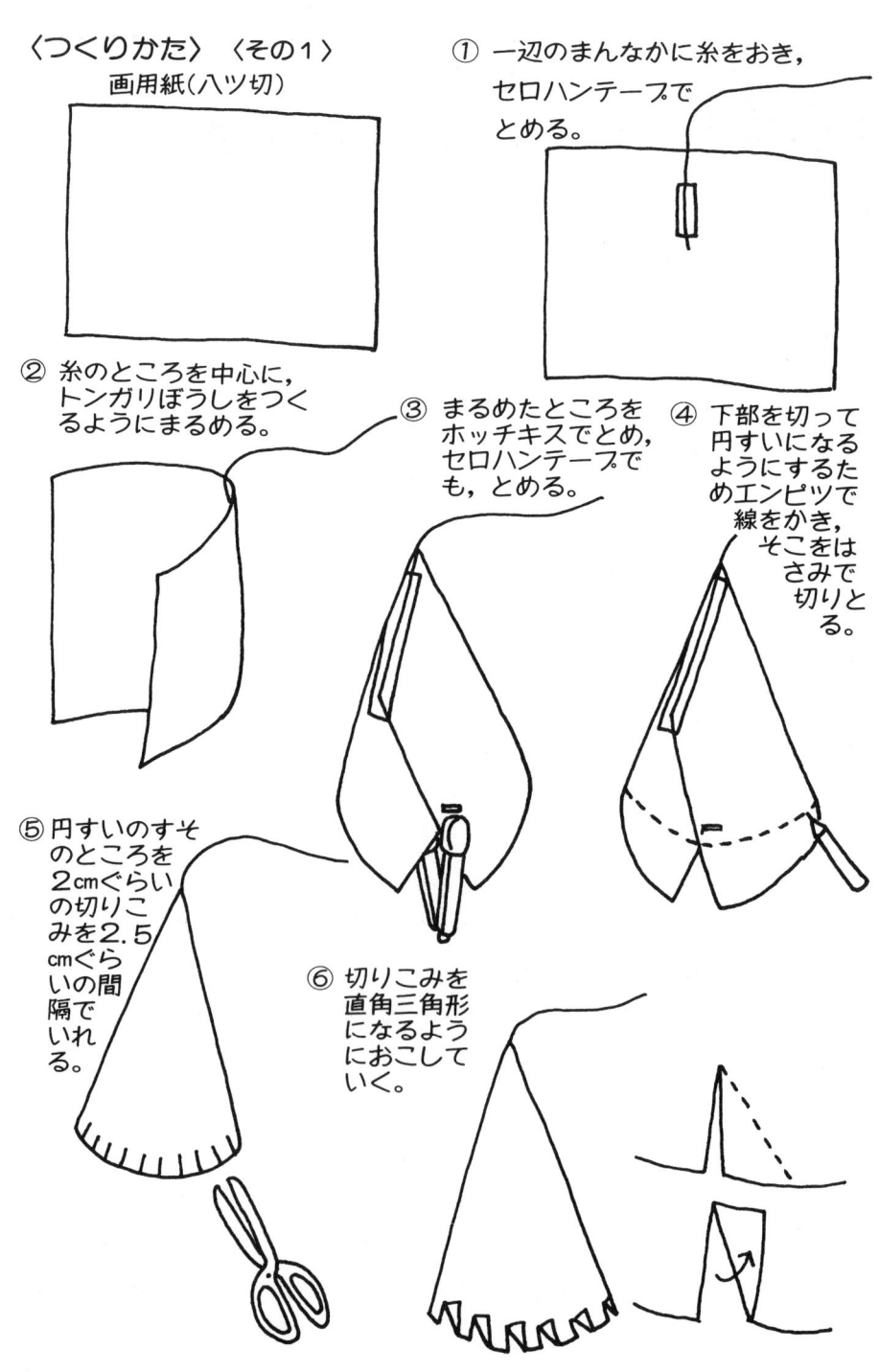

〈つくりかた〉〈その1〉
画用紙(ハツ切)

① 一辺のまんなかに糸をおき,セロハンテープでとめる。

② 糸のところを中心に,トンガリぼうしをつくるようにまるめる。

③ まるめたところをホッチキスでとめ,セロハンテープでも,とめる。

④ 下部を切って円すいになるようにするためエンピツで線をかき,そこをはさみで切りとる。

⑤ 円すいのすそのところを2cmぐらいの切りこみを2.5cmぐらいの間隔でいれる。

⑥ 切りこみを直角三角形になるようにおこしていく。

できあがったものに、絵の具やフェルトペンを使って、さまざまな模様をつける。

〈あそびかた〉

糸をもって、ぐるぐるとまわします。

〈その2〉　　　円を切ってから円すいをつくるやりかた

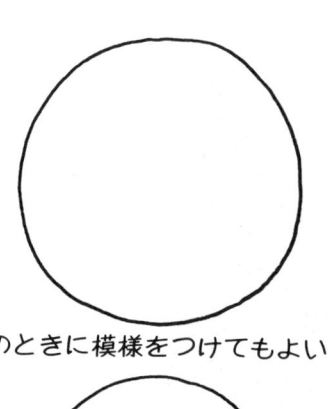

（このときに模様をつけてもよい）

① 円の中心まで、切りこみを入れる。

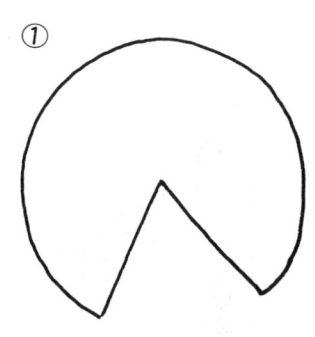

② 中心に糸をおき、セロハンテープではり、まるめて円すいをつくる。

③ 〈その1〉と同じように底辺に切りこみを入れておこす。

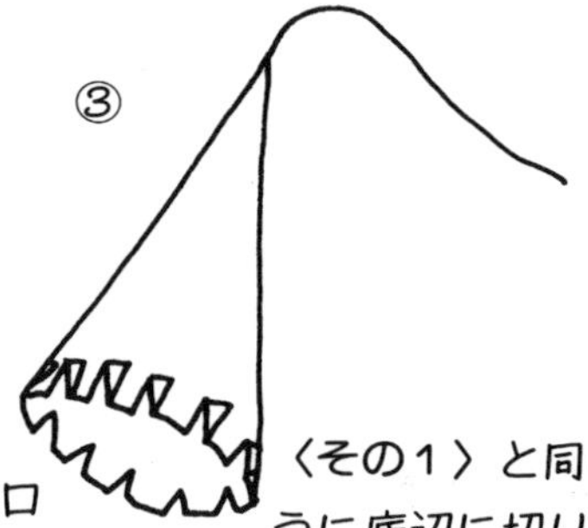

〈あそびかた〉

円の切りこみを小さくして、糸をつけず、内側に指やエンピツを入れて走ると、まわります。

16 紙ずもう

紙を折る，まるめることによって立たせる

❀ 用意するもの

画用紙，エンピツ，クレヨンまたはカラーペン，はさみ，空菓子箱，ひも，セロハンテープ，ホッチキス

❀ 主な活動

・紙を折る，まるめることによって立たせる。
・かいた絵をはさみで切りぬく。

❀ 指導のポイント

・子どもたちにつくらせる前に，保育者が絵をかいて切りぬくまでをやってみせます。
・どうしたら一枚の紙を立たせることができるだろうか，を考えさせます。二つ折りにしたり，まるめて筒のようにすれば立つことを発見させます。
・〈その1〉は二つ折りにして，折り目のところに頭がくるように絵をかき，はさみで切ります。そのとき，切りまちがって，頭のところを切りはなさないように注意しましょう。また，足の部分を太くすることも忘れないようにします。
・〈その2〉は二つ折りにして，折り目のところを力士の背中にしますが，〈その1〉と同じように足のところを太く，幅広くさせます。
・〈その3〉は，足のところに切りこみをたくさんいれるが，きちんと一定のところではさみをとめるように気をつけさせます。
・それぞれ力士の大きさは，土俵の大きさを決めてから，それにちょうどつり合う大きさにするようにします。
・土俵は菓子箱の裏底を使い，細ひもをまるくおいてセロハンテープではるか，フェルトペンでまるく線をひいてつくってもよいでしょう。

〈つくりかた〉 〈その1〉

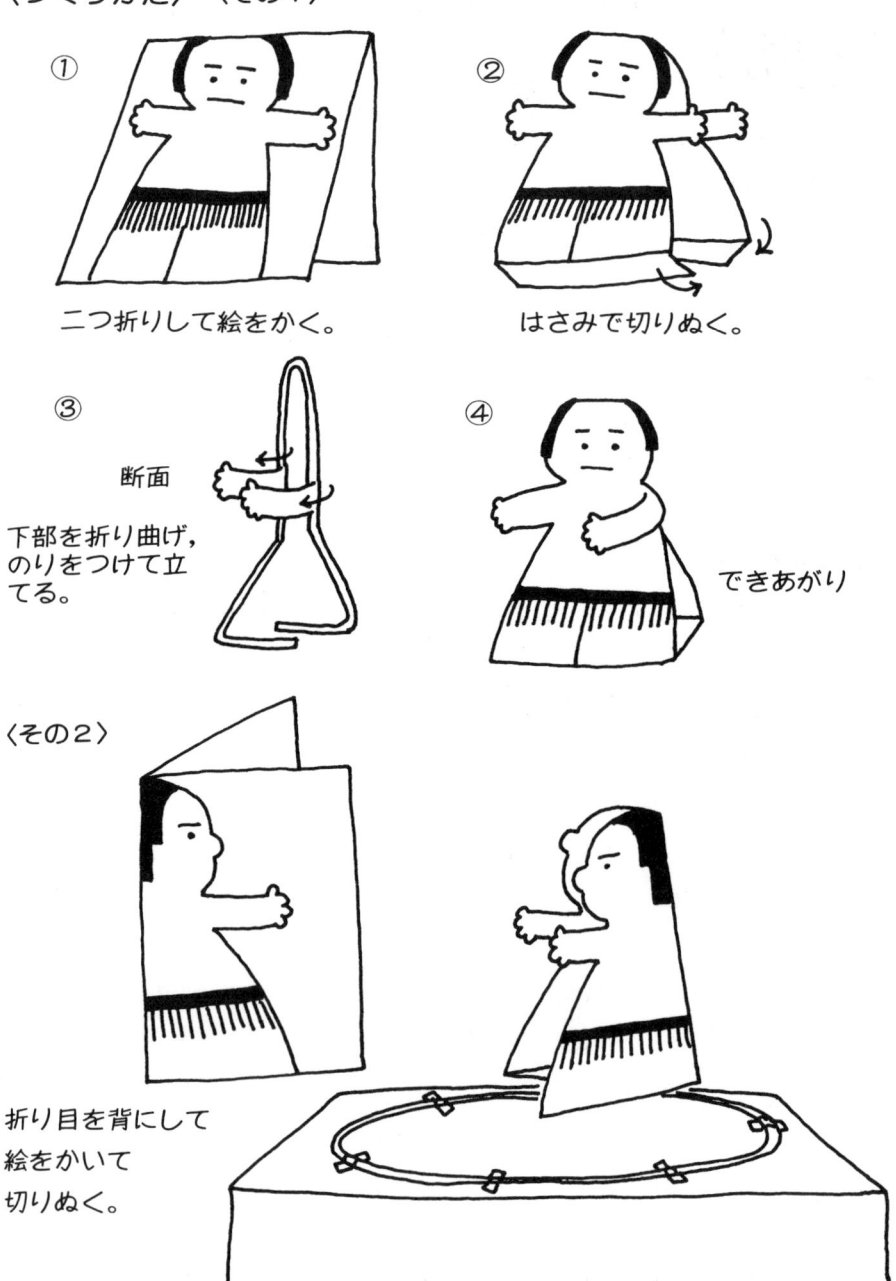

① 二つ折りして絵をかく。

② はさみで切りぬく。

③ 断面
下部を折り曲げ，のりをつけて立てる。

④ できあがり

〈その2〉

折り目を背にして絵をかいて切りぬく。

土俵は菓子箱の裏底を使い，細いひもをセロハンテープでとめる。

〈その3〉

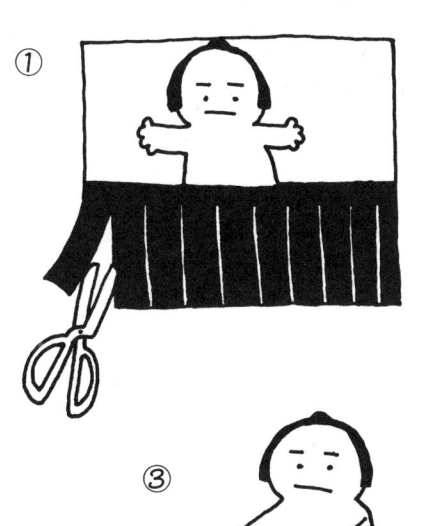

①

② はさみで切りぬく。

まるくまわして，ホッチキスでとめる。

③

手を前に曲げる。

できあがり

すこし外側へひろげる。

〈あそびかた〉

土俵の箱の角を人さし指でたたく。

勝敗表もつくってみましょう。

17 特定の指だけを自在に動かす
ゴムとばし

❀ 用意するもの
輪ゴム，広告の紙（アート紙）など

❀ 主な活動
・輪ゴムを指にひっかける。
・紙を折りまげる。
・輪ゴムに，折りまげた紙をひっかける。

❀ 指導のポイント
・〈その1〉は，輪ゴム1本であそぶ方法です。まず一方を小指にひっかけ，次におや指の外側にまわして人さし指にひっかけます。小指をはなすと輪ゴムが飛んでいくもので，輪ゴムの特性をそのまま生かしたあそびです。これ自体は工作活動ではありませんが，標的を画用紙でつくってみるといいでしょう。
・〈その1〉では輪ゴム自体が弾の役割もはたしていたわけですが，〈その2〉では弾は紙でつくり，輪ゴムは飛ばす道具として使います。
・弾にする紙は，広告の紙などを使い，4cmぐらいの幅に切ってまるめて二つ折りにしてつくらせます。
・〈その1〉〈その2〉ともに，絶対に人に向けて飛ばさないように注意しておく必要があります。
・標的として，小さな空箱をならべて立てておき，それを打ち落とすあそびもできます。

〈つくりかた〉〈その1〉

① 小指に輪ゴムをかける。　② 人さし指の先にひっかける。

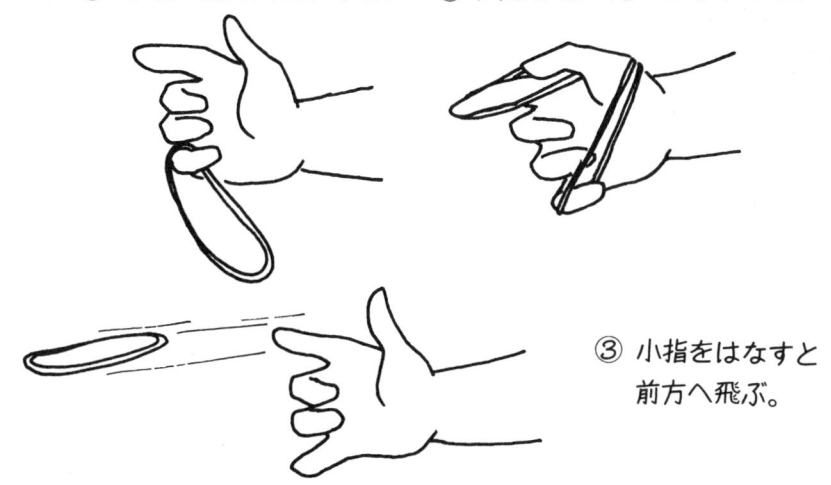

③ 小指をはなすと前方へ飛ぶ。

〈その2〉

弾：広告の紙

紙を折っていき、まんなかで曲げる。

① 親指と人さし指に、輪ゴムをかける。

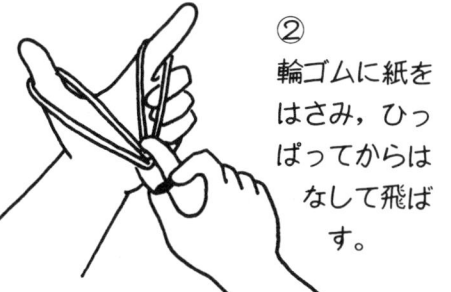

② 輪ゴムに紙をはさみ、ひっぱってからはなして飛ばす。

いずれも、人にむけて飛ばさないように注意しましょう。

18 輪つなぎをおぼえる
ゴムあそび

🌼 用意するもの

輪ゴム（できるだけ多く用意する）

🌼 主な活動

・輪ゴムを1本1本くぐらせてつないでいく。
・長くむすんでつないでできたゴムひもを使って，あそびを展開させる。

🌼 指導のポイント

・まず，子どもたちに輪ゴムを2本ずつ与え，つくりかたの図の①②③までをやらせてみます。どの子もできることを確認してから，たくさんの輪ゴムを与えて，つぎつぎにむすばせて長くさせます。
・6～7人のグループで，ひとりに10本ぐらいの輪ゴムを与え，それをむすんでいきます。それぞれの子ができたら，グループ全員のものをつなぎあわせて長くしていきます。ある程度の長さになったものどうしをむすぶときは，1本ずつをむすんでいたときよりむずかしいので，保育者がそばについてアドバイスをする必要もでてきます。
・長くつないだ輪ゴムのひもで，ゴムとびや「いろはにこんぺいとう」などのあそびの道具として使います。
・わらべうた「くまさんくまさん」を載せました。このうたはなわとびうたですが，「いろはにこんぺいとう　ドッコイショォコーラーショ！」のあそびのなかで，ゴムのなかをくぐりぬけようとしている子にむかって，ゴムひもを持っている子がうたってあげてもよいでしょう。くぐっている子のしぐさにあわせて，うたの歌詞を即興でかえてやってもおもしろくなります。

〈つくりかた〉

輪ゴムをたくさん用意します。

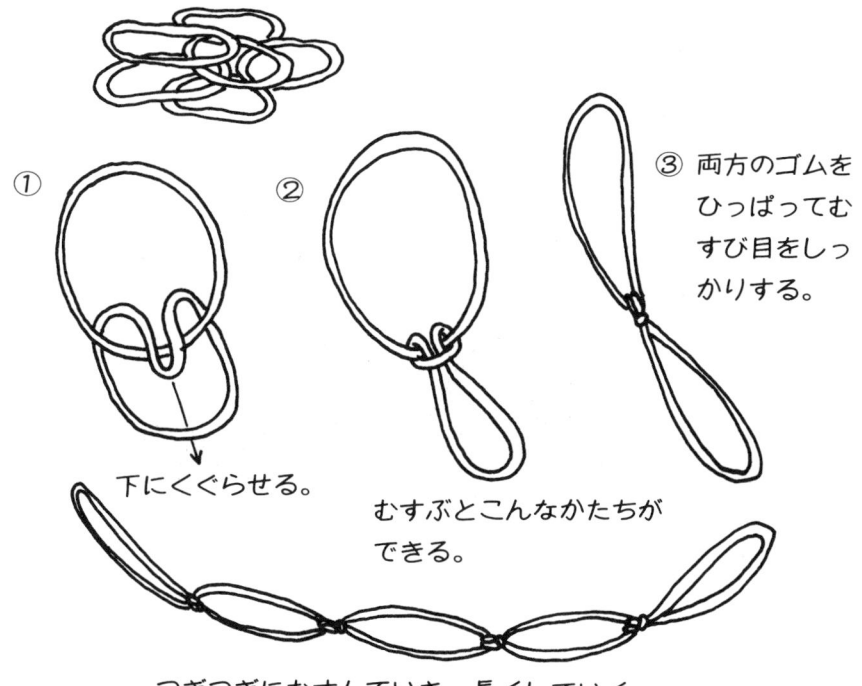

① 下にくぐらせる。

② むすぶとこんなかたちができる。

③ 両方のゴムをひっぱってむすび目をしっかりする。

つぎつぎにむすんでいき，長くしていく。

〈あそびかた〉　ゴムとびあそびに使いましょう。

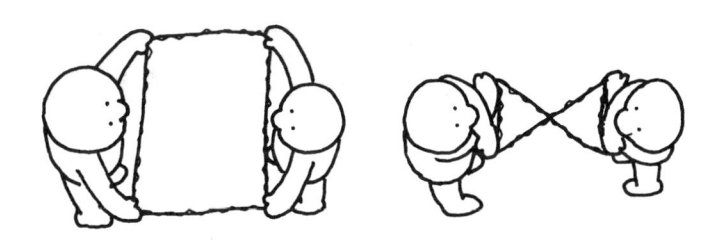

「いろはにこんぺいとう
　ドッコイショォコーラーショ！」

"ショ！"のところで，なるべく相手がとおりにくいようなかたちをつくります。ゴムをもった人やゴムにさわらないように，はいつくばったり，またいだりしてくぐりぬけるあそびです。

くまさん くまさん

採譜　芸術教育研究所

くまさん くまさん りょうてを ついて
くまさん くまさん かたあし あげて
くまさん くまさん もう いいよ

19 はさみで曲線を切る
円ばんとばし

用意するもの
ボール紙, はさみ, 輪ゴム, くぎ（2寸5分）, せんたくばさみ

主な活動
・ボール紙をはさみでまるく切る。
・まるく切った紙に切りこみをいれる。
・輪ゴムをうまく巻きつける。

指導のポイント
・円ばんになる丸の形は, 空びんのフタなどを型紙にして, エンピツで形をとらせ, はさみで切りとらせます。
・円ばんの切りこみは, はさみの根元の方を使って切りこませます。
・はじめは, 輪ゴムをくぎにひっかけないで, 輪ゴムを指でおさえながら円ばんをひっかけて, 飛ばすコツをわからせます。
・つぎに, くぎにひっかけるやりかたは, ゴムあそび（66頁）のつなぎかたとはちがい, 図のようなゆるまないやりかたですので, 実際に見せてから, 子どもたちにさせます。
・〈その2〉はせんたくばさみを使うものです。これは, 円ばんを直接指にもつのではなく, せんたくばさみにはさみ, 開くととんでいく方法です。〈その1〉のやりかたでできたら, つぎにこの方法をおしえてあげてください。
・円ばんに絵の具やフェルトペンで着色すると, 自分の円ばんという目印にもなります。
・あそびかたとしては, みんなが一線にならび, だれが一番よく飛ばすことができるかという競争ができます。

〈つくりかた〉〈その1〉

ボール紙を直径4cmぐらいにまるく切る。

1カ所に切りこみをいれる。

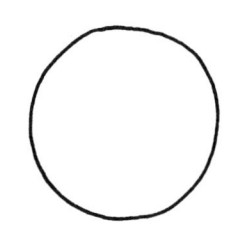

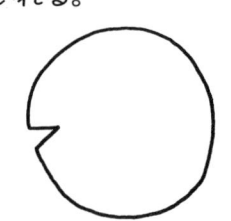

できた円ばんに,色をぬったり,模様をかきましょう。

① くぎ　輪ゴム

② もうひとつ輪をつくってひっかける。

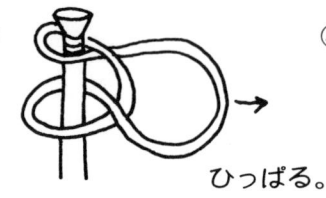

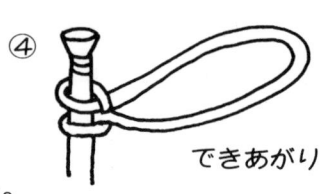

③ → ひっぱる。

④ できあがり

〈あそびかた〉

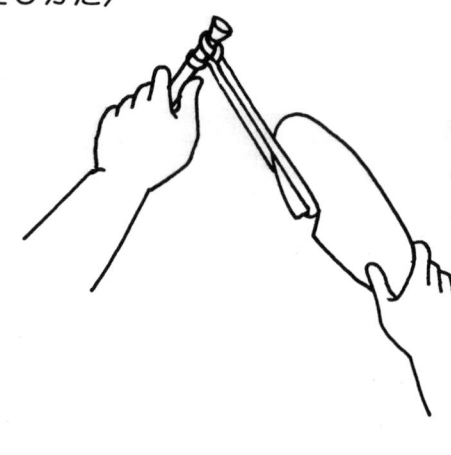

円ばんをもってひっぱる。そして,手を放すと飛んでいくわけです。

ゴムのひっぱり方にもよりますが,かなりのスピードで飛んでいきます。

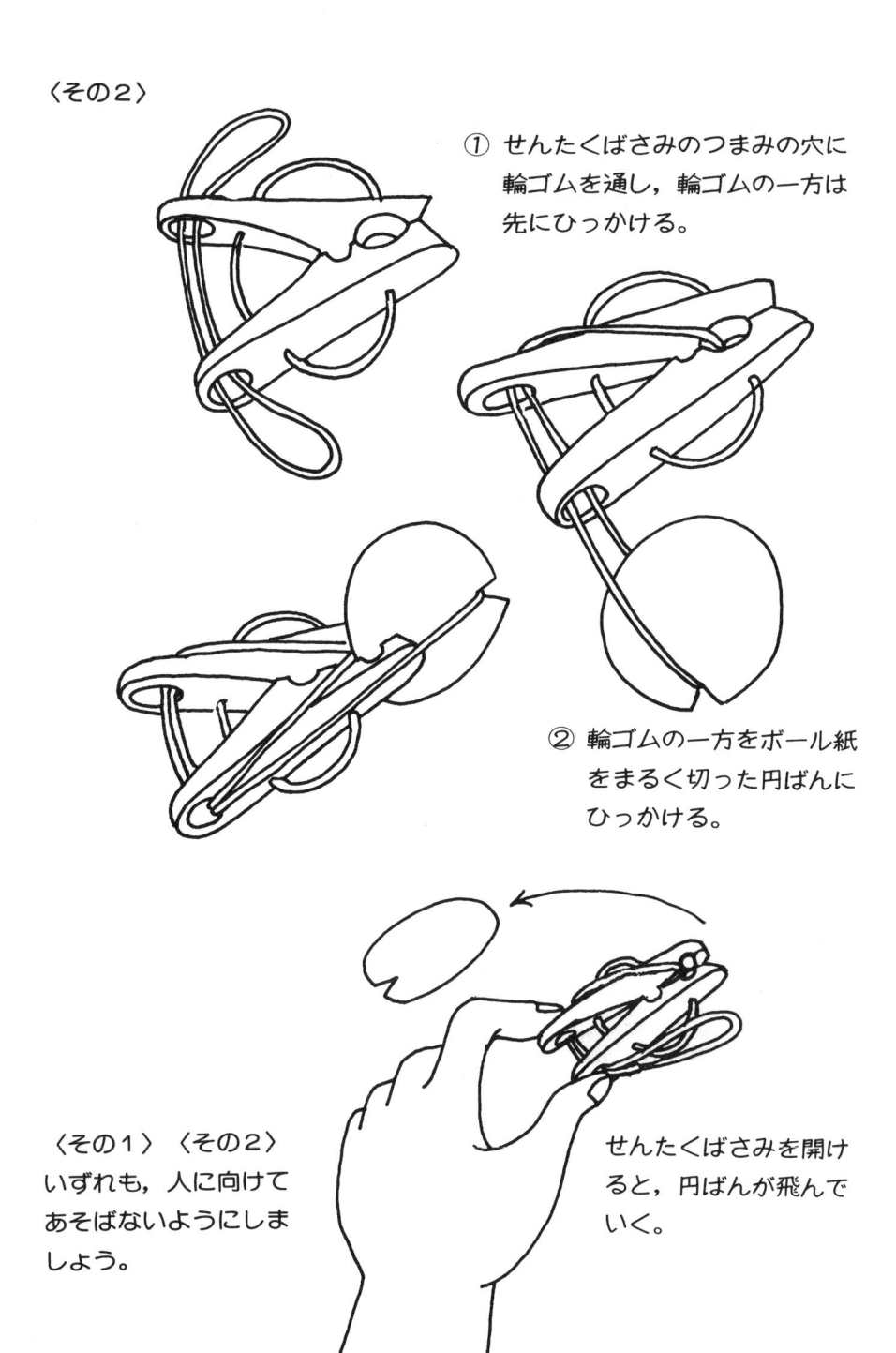

〈その２〉

① せんたくばさみのつまみの穴に輪ゴムを通し，輪ゴムの一方は先にひっかける。

② 輪ゴムの一方をボール紙をまるく切った円ばんにひっかける。

〈その１〉〈その２〉いずれも，人に向けてあそばないようにしましょう。

せんたくばさみを開けると，円ばんが飛んでいく。

20 牛乳パックのくじ引き

ホッチキス・カッターナイフの正しい使い方をおぼえる

用意するもの

牛乳パック（1000cc），わりばし，ホッチキス，カッターナイフ，フェルトペンまたはビニールテープ，シール

主な活動

- 牛乳パックの口をホッチキスでとめる。
- カッターナイフでわりばし1本がとおるぐらいの穴をあける。
- わりばしの先に色をぬったり，ビニールテープをまきつける。

指導のポイント

- 牛乳パックの口をホッチキスでとめるのですが，紙が厚いのでホッチキスの針の先が折れまがってないときがあります。力いっぱい押さえるように指示します。念のために，その上からビニールテープをはるようにするとよいでしょう。
- カッターナイフで穴をあけるところがななめになっているので，牛乳パックを寝かせて，エンピツで穴の大きさをかき，慎重に切らせます。
- わりばしの先に，いろいろな色をつけます。また，よく園で使う動物や花のシールをまきつけてもよいでしょう。
- このおもちゃは，あくまでもあそびの役割を決めたりするくじ引きです。ですから，赤色がでたら鬼になるとか，約束ごとを最初にきめてみんなに引かせます。

〈つくりかた〉

牛乳パック

わりばし

フェルトペンで色をぬる。

シール

ビニールテープ

ホッチキスでとめる。

カッターナイフで穴をあける。

穴からわりばしを入れる。

〈あそびかた〉

ゲーム前のじゃんけんのかわりに使いましょう。

21 牛乳パックの水車

目打ち・はさみを安全に使う

用意するもの

牛乳パック（1000ccまたは500cc），タコ糸，ストロー，はさみ，目打ち

主な活動

・目打ちで牛乳パックに穴をあける。
・はさみでストローをこまかく切る。
・穴にストローをさしこむ。
・タコ糸を穴にとおしてむすぶ。

指導のポイント

・まず，牛乳パックにタコ糸をつける穴をあけて糸を通します。そして，目打ちで，位置を考えずに4つの穴をあけてみます。そこへ水を入れてつるしてもっても，水は穴からでてきますが，牛乳パック自体はまわりません。
・水が出ながら，その勢いで牛乳パックがまわるようにするために，図のようにつくってみせます。そして，水をいれて子どもの前で試してみせます。
・図のように目打ちで穴を4カ所あけただけでも，水が出てパックはまわります。しかし，何度もやっているうちに穴がだんだんふさがってきて，水の出が悪くなり，まわらなくなってきます。
・そこでストローを使うわけです。ストローを2cmぐらいに切ったものをさしこんでおくと，穴がふさがることがなく，水がなくなるまで牛乳パックはまわりつづけます。穴はストローがさしこめるようにすこし大きめにあけさせましょう。
・穴をあける位置をまちがえないように，注意しておきましょう。

〈つくりかた〉

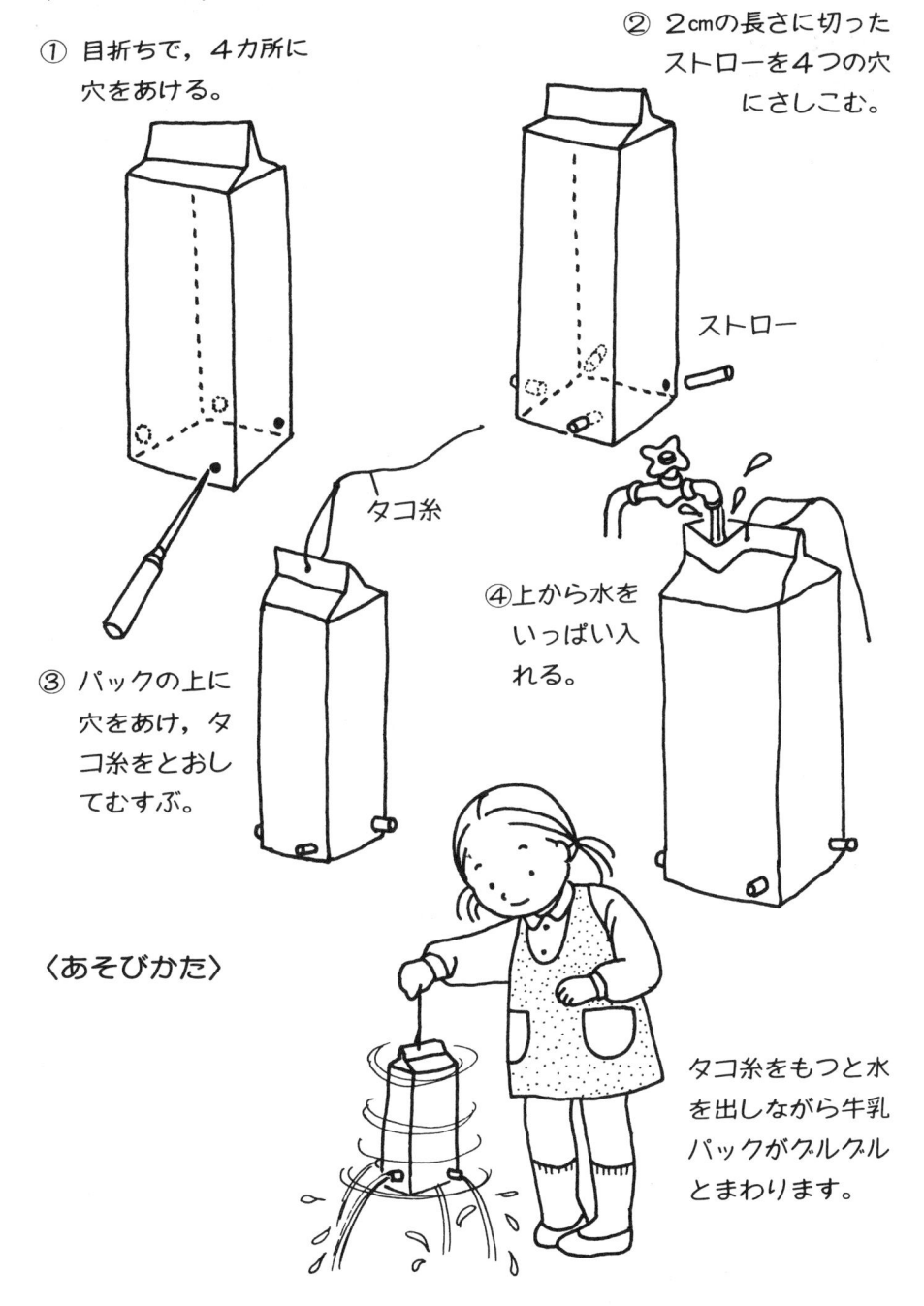

① 目打ちで,4カ所に穴をあける。

② 2cmの長さに切ったストローを4つの穴にさしこむ。

ストロー

タコ糸

③ パックの上に穴をあけ,タコ糸をとおしてむすぶ。

④ 上から水をいっぱい入れる。

〈あそびかた〉

タコ糸をもつと水を出しながら牛乳パックがグルグルとまわります。

22 紙とんぼ

カッターナイフ・ホッチキスを安全に使う

🌸 用意するもの

牛乳パック（1000cc），カッターナイフ，目打ち，竹ぐし（竹ヒゴ），ホッチキス，定規，接着剤

🌸 主な活動

・牛乳パックをカッターナイフで細長く切る。
・指示どおりに折りまげる。（牛乳パックから切りとったもの）
・目打ちで穴をあけ，竹ぐしをとおして，接着剤をつける。
・竹ぐしをはさむようにしてホッチキスでとめる。

🌸 指導のポイント

・牛乳パックの側面を2cm×19cmで切ると，1パックで12枚とれます。カッターナイフと定規を使いますが，これは保育者が子どもの前で切ってあげて，図②の作業から子どもたちにさせます。
・図③のように，目打ちであけた穴に竹ぐしを2cmぐらい出るようにとおします。そのとき，折りまげた線より上に出ないように注意しましょう。
・図⑤のホッチキスでとめるところは，紙が厚いので力をいれてホッチキスを押さないと針がとおりません。両手で押すようにやらせてください。
・ホッチキスでとめると，できあがりです。子どもたちはすぐに飛ばしたがりますが，接着剤がかわくまで待たせます。待たずにまわしますと，接着剤がとび出て，顔や服につくおそれがあります。
・接着剤がかわいたらまわして飛ばしますが，前にうまく飛ばせない子がいます。何回もやらせたり，飛ばしかたのコツをおしえてあげてください。
・羽の上側になる面に，パックの内側がでるようにつくると，油性ペンで羽に色をつけることもできます。

〈つくりかた〉

① 2cm×19cm

カッターナイフと定規で、細長く切りとる。

② まんなかで2つ折りにして、また、まんなかから2cm上を左右に折る。

③ 目打ちで、まんなかに穴をあけ、竹ぐしをとおす。

④ 接着剤をぬる。

⑤ 竹ぐしをはさむようにしてホッチキスでとめる。

⑥ できあがり。

接着剤がかわくまで待つ。

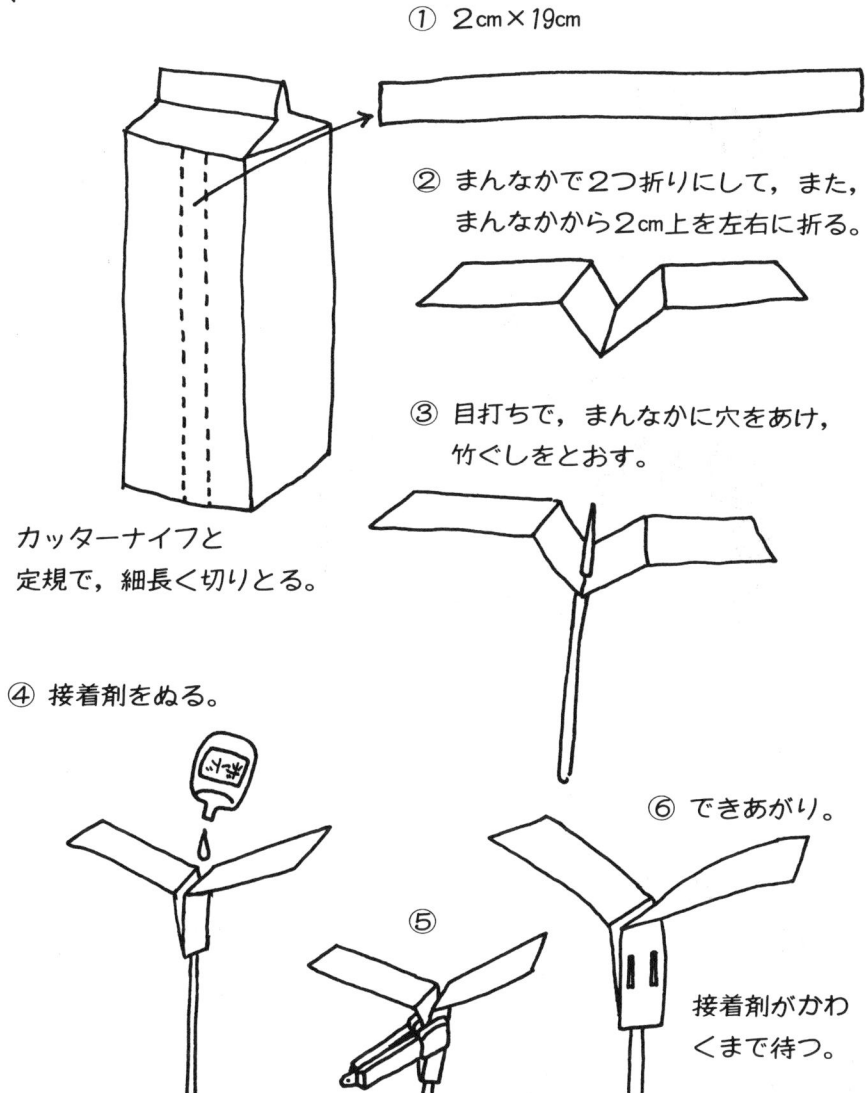

うまく飛ぶまで、なんども挑戦してコツをつかみましょう。

〈とばしかた〉

両手をあわせ，こするようにして，片方の手を前に押しだします。手からはなれた紙とんぼはクルクルとまわりながら飛んでいきます。

羽のところに油性ペンでいろいろな色をつけてみましょう。

両手をこすり合わせるようにして，片方を前へ押し出して前へ飛ばします。

23 ロープウェイ

創造力を養う

😊 用意するもの

トイレットペーパーの芯，せっけん箱，ビニールテープ，のり，はさみ，色紙，クレヨンまたはカラーペン，タコ糸

😊 主な活動

・せっけん箱に絵をかく。
・トイレットペーパーの芯とせっけん箱をのりづけして，その上からビニールテープで接着させる。
・トイレットペーパーの芯にタコ糸をとおす。

😊 指導のポイント

・せっけん箱に白い紙をはってクレヨンやカラーペンで窓をかいたり，色紙をはってロープウェイのゴンドラをつくります。
・トイレットペーパーの芯とせっけん箱の接触する部分にのりをつけ，はりつけます。その上からビニールテープでおさえます。
・4〜5mのタコ糸のまんなかをもって，トイレットペーパーの芯（ゴンドラの上側）にとおして，2mぐらいの高さのところにひっかけます。そして，タコ糸のはしを右手と左手でそれぞれもち，両手をひろげるとロープウェイのできあがりです。ひろげた両手をしめると，また降りてきます。
・あそびの発展例として，模造紙に山を描き，その頂上にロープウェイの駅をつくり，それを壁面にはってあそぶこともできます。
・すばやく糸をひらくと，勢いよくあがっていくので，ロープウェイよりもロケットという感じになります。ですから，トイレットペーパーの芯にいろいろ装飾することを考えてもよいでしょう。

〈つくりかた〉

トイレットペーパーの芯

せっけん箱に白い紙をはり，まわりに窓をかく。

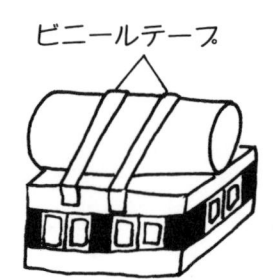

ビニールテープ

トイレットペーパーの芯とせっけん箱をのりづけして，その上からビニールテープをはりつける。

〈あそびかた〉

タコ糸をトイレットペーパーの芯の中にとおし，タコ糸を高いところにひっかけて，両手をひろげていくと上にあがっていきます。

〈発展例〉

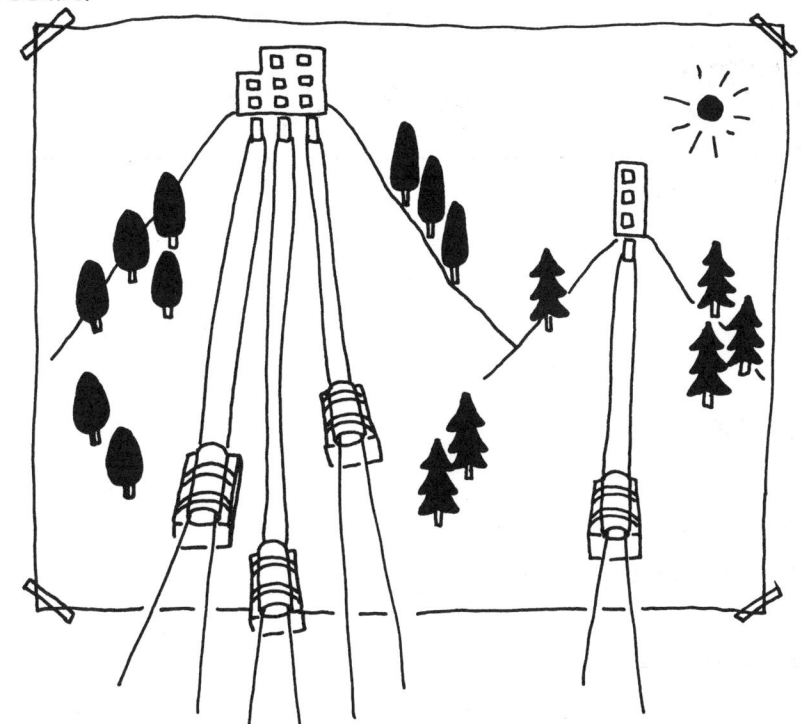

おもちゃを使った，あそべる壁面装飾を
つくってもおもしろいでしょう。

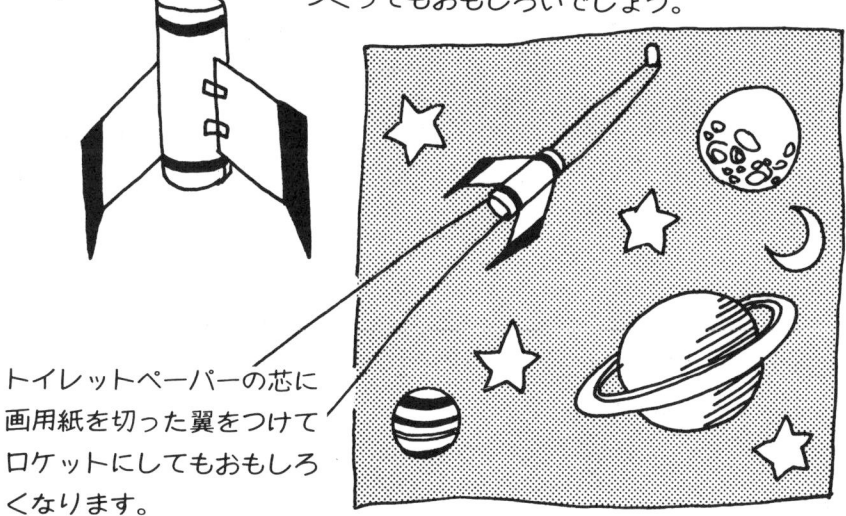

トイレットペーパーの芯に
画用紙を切った翼をつけて
ロケットにしてもおもしろ
くなります。

㉔ 糸でんわ

こまかい作業に慣れる　集中力を養う

🌸 用意するもの

　　〈その1〉紙コップ2個，針，糸，はさみ，セロハンテープ，色紙，のり
　　〈その2〉トイレットペーパーの芯2個，パラフィン紙またはトレーシングペーパー，針，糸，セロハンテープ，輪ゴム，色紙，のり

🌸 主な活動

・針で穴をあけて糸を通す。
・糸をセロハンテープでとめる。
・色紙をはって模様をつける。

🌸 指導のポイント

・〈その1〉紙コップの底の中心にエンピツでしるしをつけ，そこに針で穴をあけさせ，糸をとおします。コップの内側の糸のはしをセロハンテープでとめるところがむずかしいので，よく注意して指示を与え，糸がぬけてとれないようにします。
・糸つけが終わったら，紙コップのまわりに色紙を切ってはり，装飾します。
・あそぶときは，離れて糸をぴんとはりますが，ひっぱりすぎると糸がとれますので，はりすぎないように加減させてください。
・〈その2〉の場合，トレーシングペーパーに糸をつけたものをトイレットペーパーの芯にかぶせるとき，糸がまんなかにくるようにして，輪ゴムでとめます。輪ゴムでとめるのは，ひとりではむずかしいので，友だちの手をかりるようにさせます。
・耳にあてて聞く，口にあてて話すのを交互に相手とうまくできるようにさせます。
・糸が切れたり，はずれたりしたときは，何度も直して使わせます。

〈つくりかた〉

〈その1〉　紙コップを使ってつくる場合

紙コップを2個用意する。

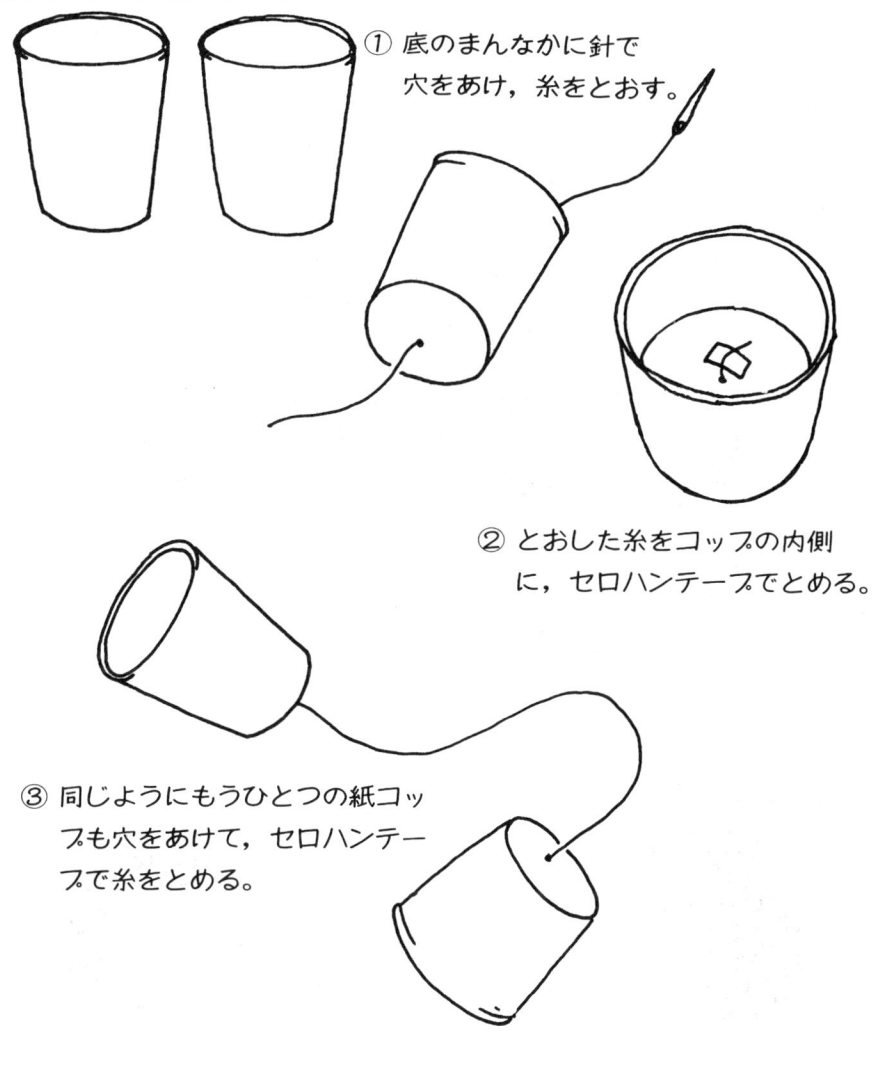

① 底のまんなかに針で穴をあけ，糸をとおす。

② とおした糸をコップの内側に，セロハンテープでとめる。

③ 同じようにもうひとつの紙コップも穴をあけて，セロハンテープで糸をとめる。

糸でんわであそぶとき，糸をひっぱりすぎると糸がとれてしまいます。ひっぱりぐあいを加減しましょう。

〈その2〉 トイレットペーパーの芯を使ってつくる場合

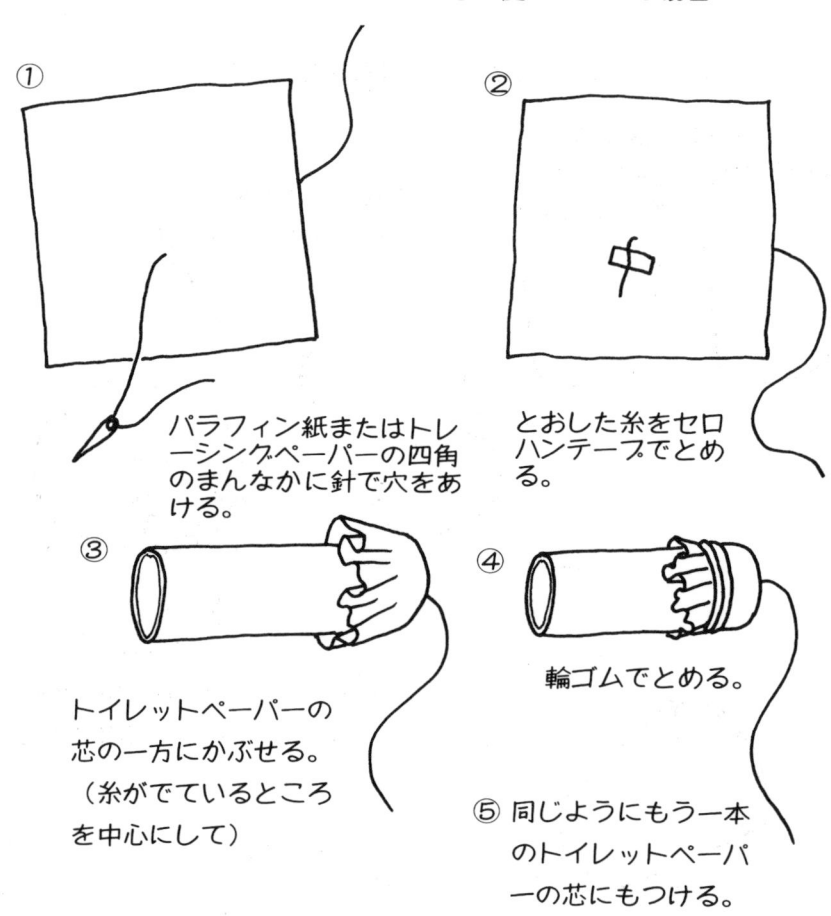

① パラフィン紙またはトレーシングペーパーの四角のまんなかに針で穴をあける。

② とおした糸をセロハンテープでとめる。

③ トイレットペーパーの芯の一方にかぶせる。（糸がでているところを中心にして）

④ 輪ゴムでとめる。

⑤ 同じようにもう一本のトイレットペーパーの芯にもつける。

〈あそびかた〉

糸をぴんとはって話すとよくきこえます。

25 動くヘビ

身近な材料で，昔ながらのおもちゃをつくる

🎬 用意するもの

トイレットペーパーの芯（5〜6個），はさみ，目打ち，マッチ棒，絵の具，色紙

🎬 主な活動

・トイレットペーパーの芯をはさみでななめに切る。
・目打ちで穴をあける。
・穴にマッチ棒をさしこみ，つないでいく。
・絵の具で色をぬったり，色紙を切ってはる。

🎬 指導のポイント

・竹でできたヘビはよく売っていますが，ここでは身近な材料を使って幼児にもつくれる方法を考えました。
・むずかしいところといえば，トイレットペーパーの芯の一方をおさえて，はさみでななめに切るところと，目打ちで穴をあけるところです。この部分は保育者が個別に指導しながら作業をすすめます。
・トイレットペーパーの芯にそれぞれ穴をあけ，それをかさねあわせてマッチ棒でとめていくのですが，上下の穴をあわせないとマッチ棒がとおらないので，慎重に穴をあわせるように指示します。
・絵の具で色をぬったり，色紙を切ってはったり，赤い紙で細長い舌をつけたりして，ヘビらしい感じをだす工夫をするのもよいでしょう。
・動かしかたは，しっぽの方をもち，やや下向きに手首を左右に動かすと，ヘビのような動きがでてきます。

〈つくりかた〉

1匹のヘビにトイレットペーパーの芯を5～6個使う。

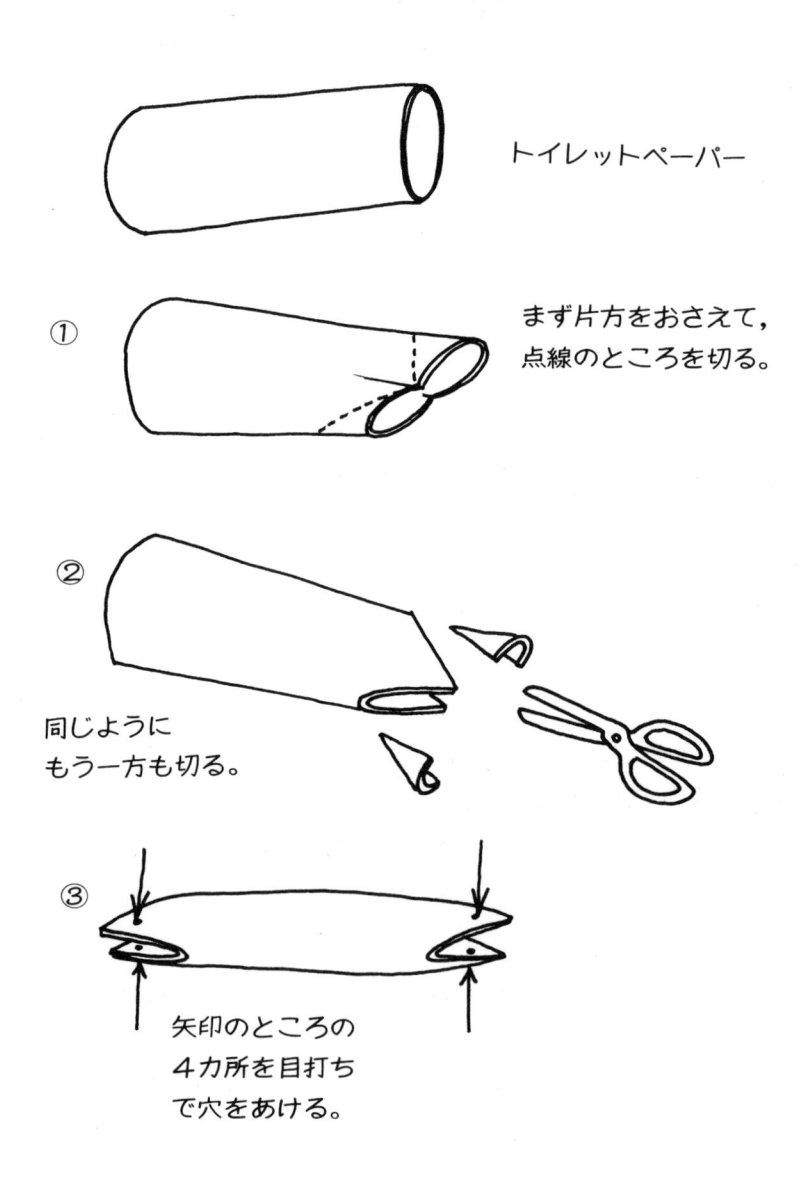

トイレットペーパー

① まず片方をおさえて、点線のところを切る。

② 同じようにもう一方も切る。

③ 矢印のところの4カ所を目打ちで穴をあける。

④ 穴の位置があうようにつなぎ，穴にマッチ棒を
さしこんでつないでいく。

⑤ 色紙を切って，舌をつけたり，
目や模様をかいて，できあがり。

〈あそびかた〉
ヘビのしっぽをもって，下向き
にして手首を左右に動かすと，
ヘビらしい動きがでる。

26 筒を切る　はさみを自在に使う
ビー玉入れ

❀ 用意するもの

トイレットペーパーの芯，はさみ，カッターナイフ，絵の具，菓子箱，ビニールテープまたはセロハンテープ，接着剤，ビー玉

❀ 主な活動

・トイレットペーパーの芯をはさみまたはカッターナイフで輪切りにする。
・輪切りにした一部分を切りとる。すそのところにはさみで等間隔に切りこみをいれる。
・切りこみをいれたところをおこし，接着剤をつけて，菓子箱の中にはる。
・接着剤ではった上を，ビニールテープかセロハンテープではりつける。
・菓子箱の中を，絵の具で色をぬりわける。

❀ 指導のポイント

・トイレットペーパーの芯を輪切りにするとき，多少のまがりは切りこみをいれるときに調節できるので，子どもにさせますが，筒を切るということで，まず保育者が切ってみせてからおこなわせます。
・トイレットペーパーの芯でつくった玉受けを，菓子箱の中のどの位置にはったらよいか，あらかじめ菓子箱の中にはる位置をエンピツでUの字にかいておきます。
・菓子箱の大きさにもよりますが，箱の中の玉受けは5カ所が適当です。
・できあがったら，両手で菓子箱をもち，前後ななめにしながらビー玉を玉受けの中にいれてあそびます。
・ルールはいろいろ考えられます。みんなで考えましょう。ルールによってビー玉の数も決まってくるわけです。

〈つくりかた〉

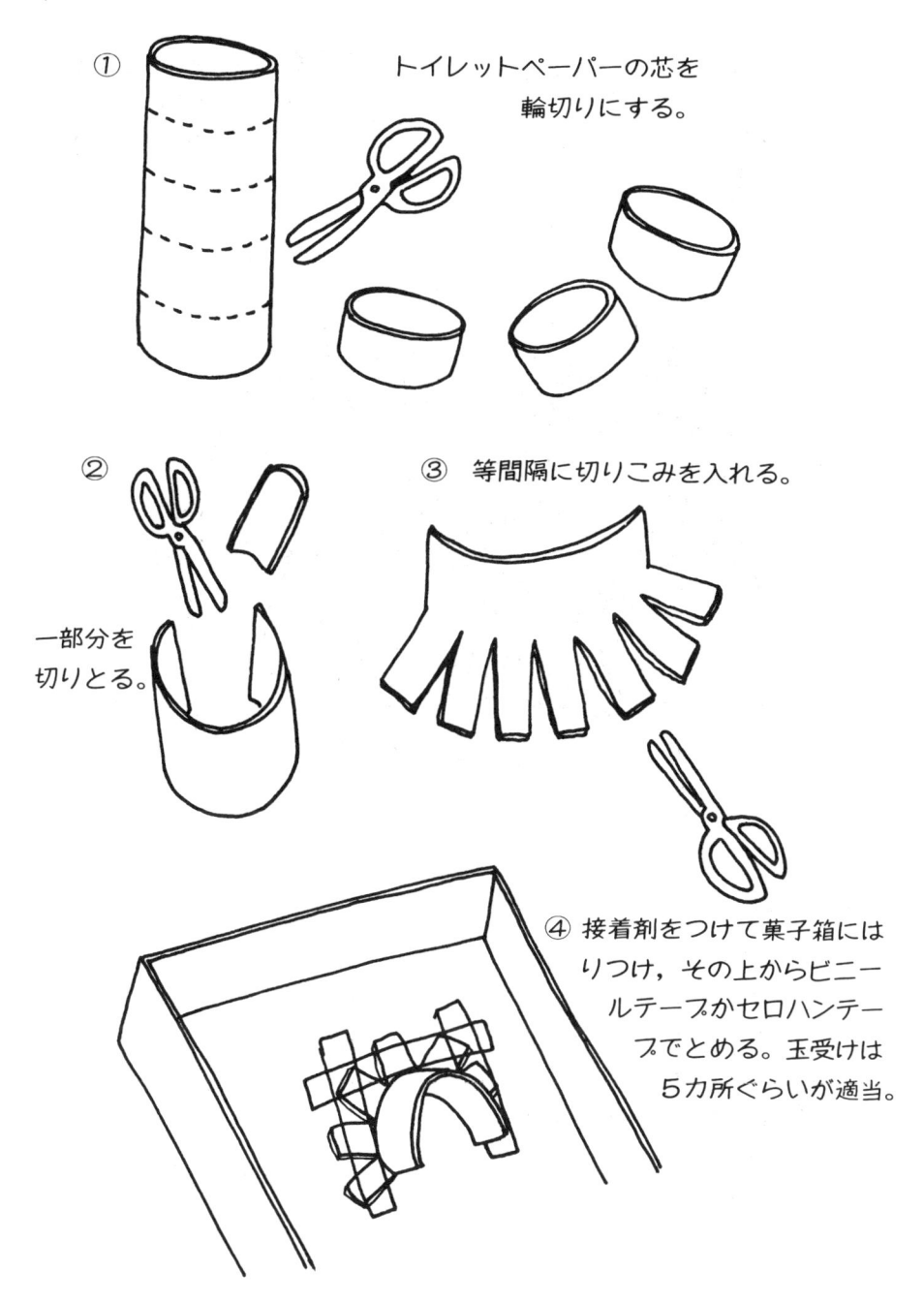

① トイレットペーパーの芯を輪切りにする。

② 一部分を切りとる。

③ 等間隔に切りこみを入れる。

④ 接着剤をつけて菓子箱にはりつけ，その上からビニールテープかセロハンテープでとめる。玉受けは5カ所ぐらいが適当。

〈あそびかた〉

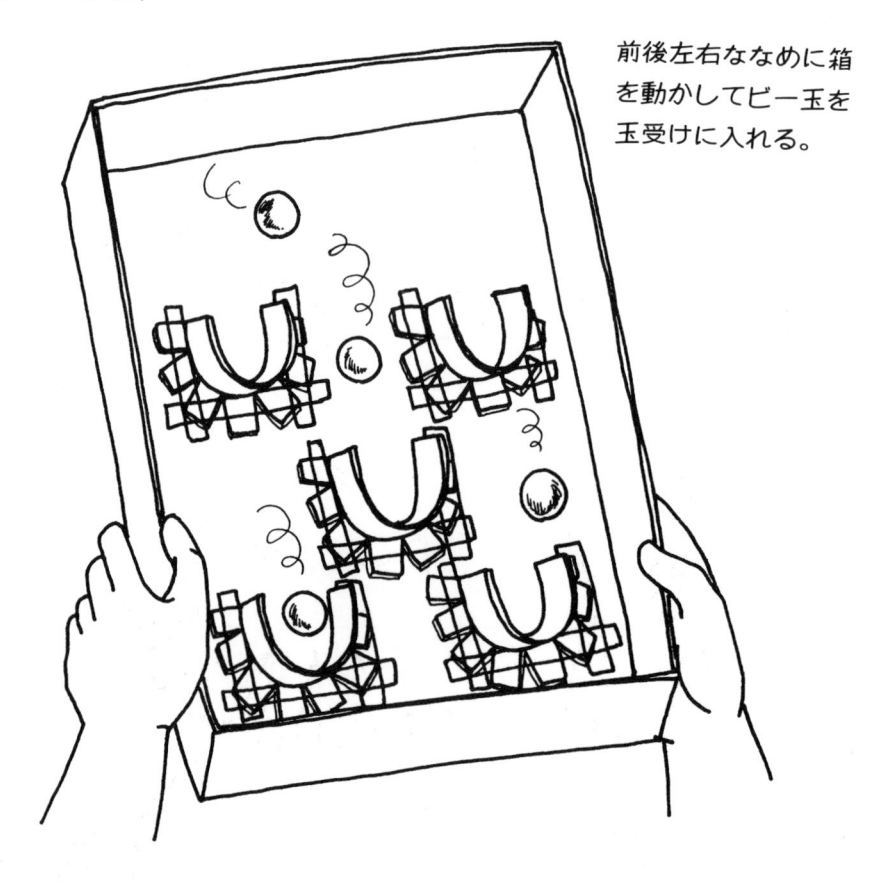

前後左右ななめに箱を動かしてビー玉を玉受けに入れる。

〈ルール例〉

- ビー玉3個を玉受けの中にひとつずついれる。
- ビー玉4個を玉受けの中にひとつずついれる。
- ビー玉5個を玉受けの中にひとつずついれる。
- ビー玉4個で，まんなかの玉受けにいれないで，まわりの4つの玉受けにひとつずついれる。
- 玉受けに①〜⑤までの番号をつけ，ビー玉1個を指定された番号のところにいれる。

平面的な材料から立体をつくる
㉗ ビニール袋の角ふうせん

❀ 用意するもの

ビニール袋，ホッチキス，はさみ，セロハンテープ，油性ペン，色紙や色画用紙の切りくず

❀ 主な活動

- ビニール袋の口を折りまげて，ホッチキスでとめる。
- 折りまげた口のまんなかにセロハンテープを表から裏へとまわしてはり，はさみで切りこみをいれる。
- 袋の4カ所の角を，2つの角が向かいあうかたちにもってきて，セロハンテープではりつける。
- ビニール袋に油性ペンで絵をかく。

❀ 指導のポイント

- ビニール袋の口を折りまげる幅は1cmぐらいで3回ほどまげて，ホッチキスでとめるとよいでしょう。
- 吹き口をはさみで切りこむとき，はさみの根元を使って三角形の切りこみをさせます。
- 油性ペンで絵をかく場合，図⑥のあとに袋の中心に描かせるようにします。
- できあがって，手でつきあげてあそびますが，何回もつくと空気が少しずつぬけてきます。そうしたらまた，吹き口から息を吹きいれるようにします。
- あそびかたとしては，ひとりで何回つきあげるか，二人組で交互につきあげたり，だれがいちばん遠くまでふうせんを投げられるかを競ったりします。また，かごを用意してその中に入れるあそびなどができます。

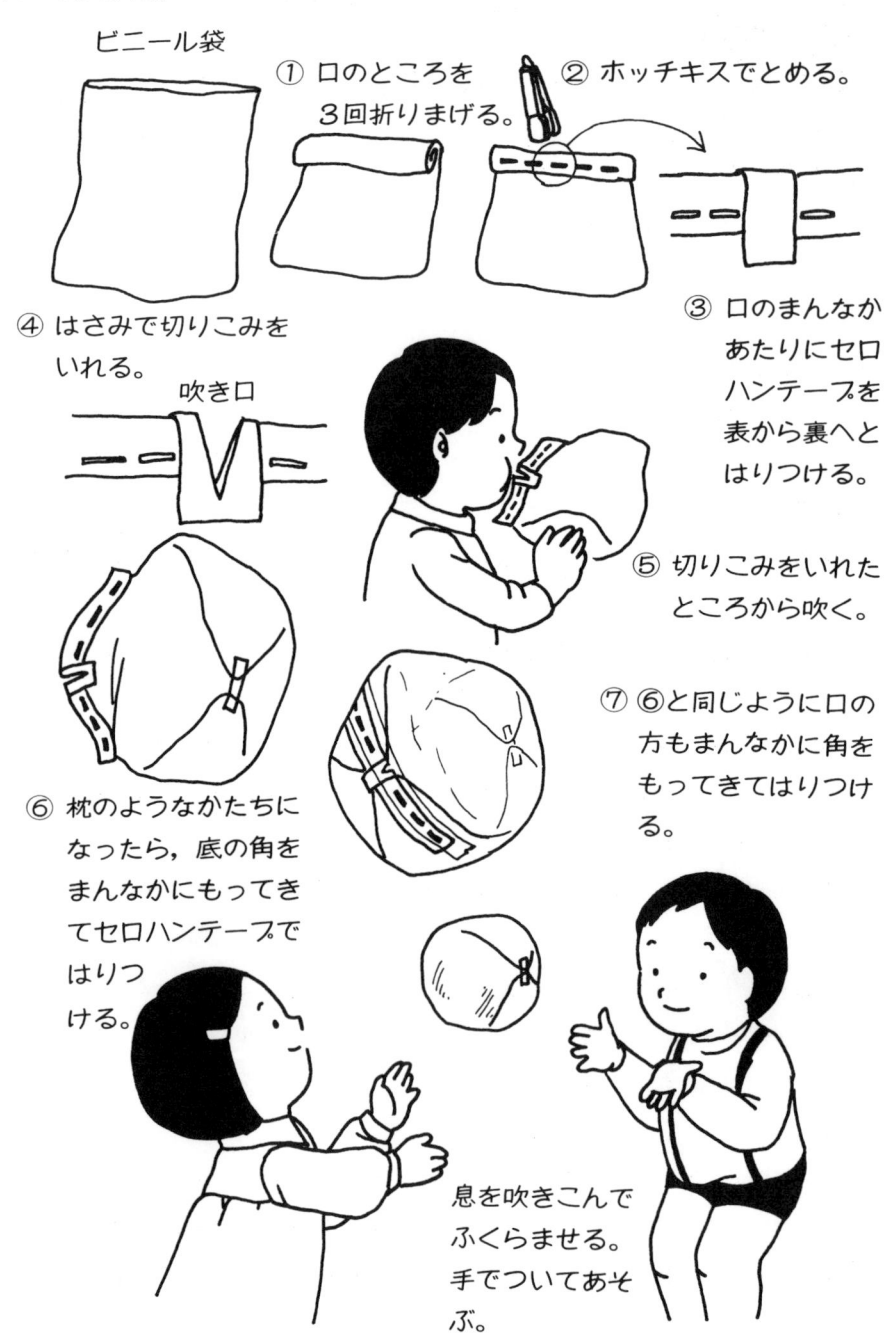

〈つくりかた〉

ビニール袋

① 口のところを3回折りまげる。

② ホッチキスでとめる。

③ 口のまんなかあたりにセロハンテープを表から裏へとはりつける。

④ はさみで切りこみをいれる。

吹き口

⑤ 切りこみをいれたところから吹く。

⑥ 枕のようなかたちになったら，底の角をまんなかにもってきてセロハンテープではりつける。

⑦ ⑥と同じように口の方もまんなかに角をもってきてはりつける。

息を吹きこんでふくらませる。手でついてあそぶ。

空気を入れる前に，油性ペンでまんなかに絵をかいてもよい。

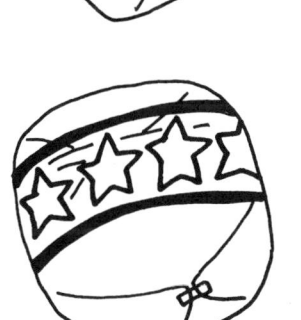

①の前に色紙などをこまかく切っていれる。いろいろな色のものがよい。

なかにこまかい色紙を入れるときは外側の絵はかかない。

市販では味わえない，手づくりのよさを生かし，楽しいあそびかたを工夫しましょう。

28 ビニールの落下傘

初歩的な幾何学的知識を得る

🎭 用意するもの

〈その1〉ビニール袋，糸またはタコ糸，セロハンテープ，せんたくばさみ，油性ペン，はさみ

〈その2〉正方形の紙，他は〈その1〉と同じ。

🎭 主な活動

・糸とビニールとをセロハンテープでとめる。
・八角形の紙のつくりかたを知って，つくる。
・絵や模様を油性ペンで描く。

🎭 指導のポイント

・正方形のビニールは保育者が人数分を用意します。
・セロハンテープで糸をとめるとき，ぬけてとれやすいので糸をS字にまげた上にはらせるようにします。
・早目にできた子は，おもりとなるせんたくばさみのところに，人間や動物の絵をかいて切りぬいたものをセロハンテープではらせてもよいでしょう。
・糸の長さは，目安になる棒などを用意して，子どもたちに同じ長さの糸を4本，〈その2〉のときは8本を切らせるようにします。
・〈その2〉の八角形の場合，正方形の紙で八角形のつくりかたをわからせてから，その切った八角形の紙を型紙にしてビニールにあてて切らせるようにします。
・短かく切ったセロハンテープを4本か8本使うので，あらかじめ使う長さに切っておいて，机の端にはりつけておくと，糸をはりつけるときに便利です。
・せんたくばさみのおもりのかわりに，ビニールにくるんだ粘土を利用してもよいでしょう。

〈つくりかた〉　〈その１〉正方形の落下傘

① ビニール袋を正方形にはさみで切る。
② 正方形のビニールに油性ペンで絵をかく。
③ 正方形の一辺の長さよりすこし長いくらいの糸を４本，正方形の四角におき，その上をセロハンテープでとめる。
④ 正方形の中心のところを持ち，たれさがった４本の糸の下の方をせんたくばさみではさみ，あまった糸をせんたくばさみにまきつけ，セロハンテープではりつける。

〈あそびかた〉

高いところから落とすときは，ビニールの中心のところを持って落とします。

下から上に投げ上げる場合は，ビニール，糸を折りたたんでから投げます。

〈その２〉 八角形の落下傘

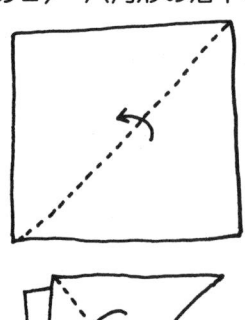

八角形を，正方形のビニールを折りたたんで切ってつくるのは，むずかしい。まず，30cm×30cmぐらいの紙で，八角形をつくる。

① 紙を図のように３回折ってはさみで切り，八角形をつくる。
② その紙をビニールの上にのせ，セロハンテープでとめて，その紙にそって，はさみで切っていく。
③ ビニールの八角形の角に糸をおきセロハンテープでとめる。あとは〈その１〉と同じようにおこなう。

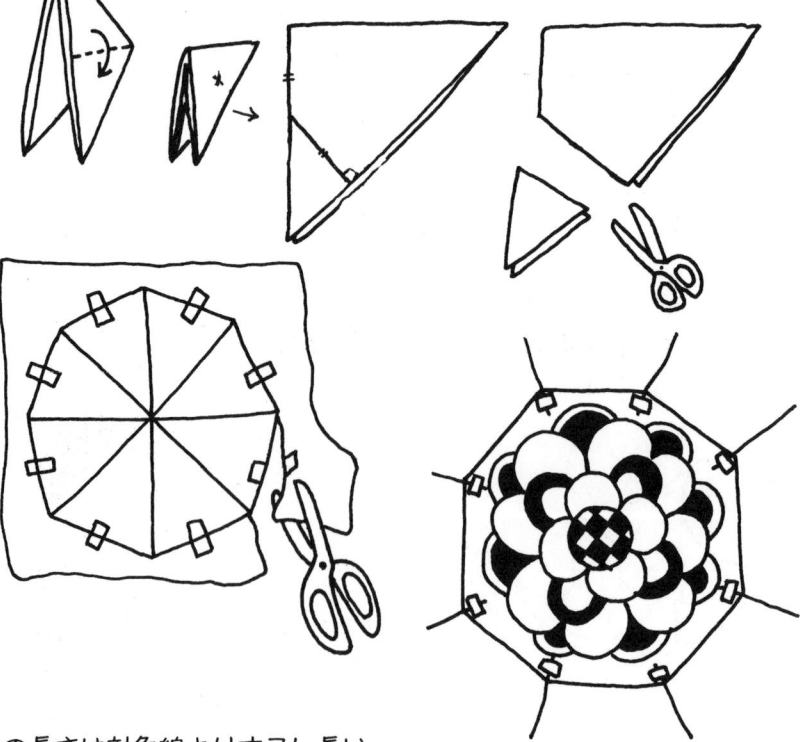

糸の長さは対角線よりすこし長い程度にする。

油性ペンでもようをかきましょう。

29 ビニールだこ

ビニールを切ることをおぼえる

用意するもの

ビニール袋（80cm×87cm），角材（5mm角），ビニールテープ，はさみ，カッターナイフ，目打ち，定規，タコ糸

主な活動

・ビニール袋をタテ3等分，ヨコを4等分にして，たこのかたちに線をひき切りとる。
・角材とビニールをビニールテープでとめる。
・タコ糸をむすぶ角に角材のきれはしをいれて，ビニールテープでつつむ。
・穴をあけ，タコ糸をとおしてむすぶ。
・たこ絵を油性ペンで描く。

指導のポイント

・ビニール袋と同じ長さの棒に3等分と4等分の印がついたものをあてて，印をつけさせます。
・たこのかたちに切るのにカッターナイフを使わせるときは，定規をあてて切らせます。
・たこのかたちが切れたら，油性ペンでたこ絵を描かせます。
・角材をビニールにはりつけるとき，角材の3面にきっちりとビニールテープがつくようにはらせ，角材がぬけないようにします。
・あげ糸をむすぶ角は，保育者が個別にみてあげましょう。タコ糸をむすぶのは手伝います。
・このビニールだこはよくあがるので，長いタコ糸を用意して，広い河原や広場であげるようにしましょう。

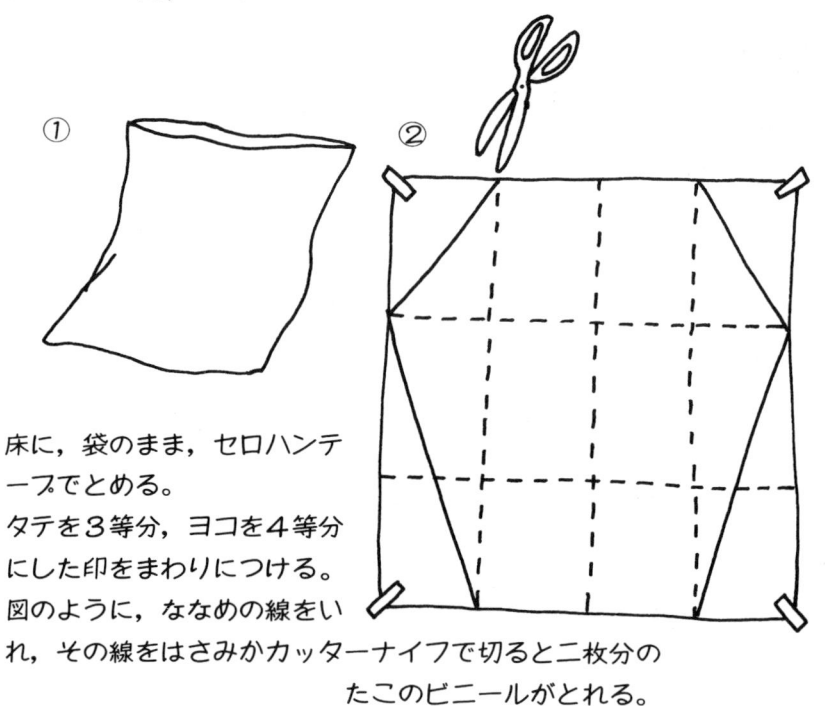

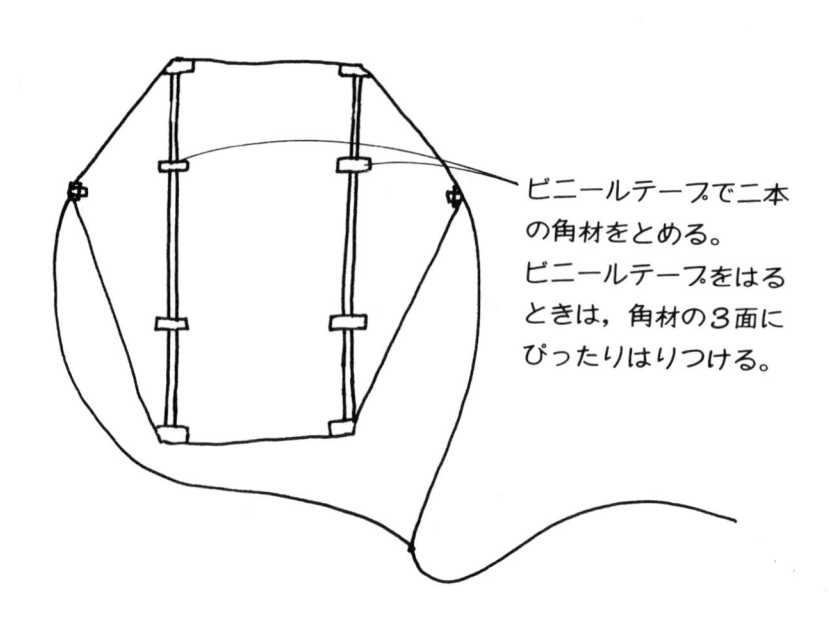

〈つくりかた〉

①

床に，袋のまま，セロハンテープでとめる。
タテを3等分，ヨコを4等分にした印をまわりにつける。
図のように，ななめの線をいれ，その線をはさみかカッターナイフで切ると二枚分のたこのビニールがとれる。

②

ビニールテープで二本の角材をとめる。
ビニールテープをはるときは，角材の3面にぴったりはりつける。

〈タコ糸のつけかた〉

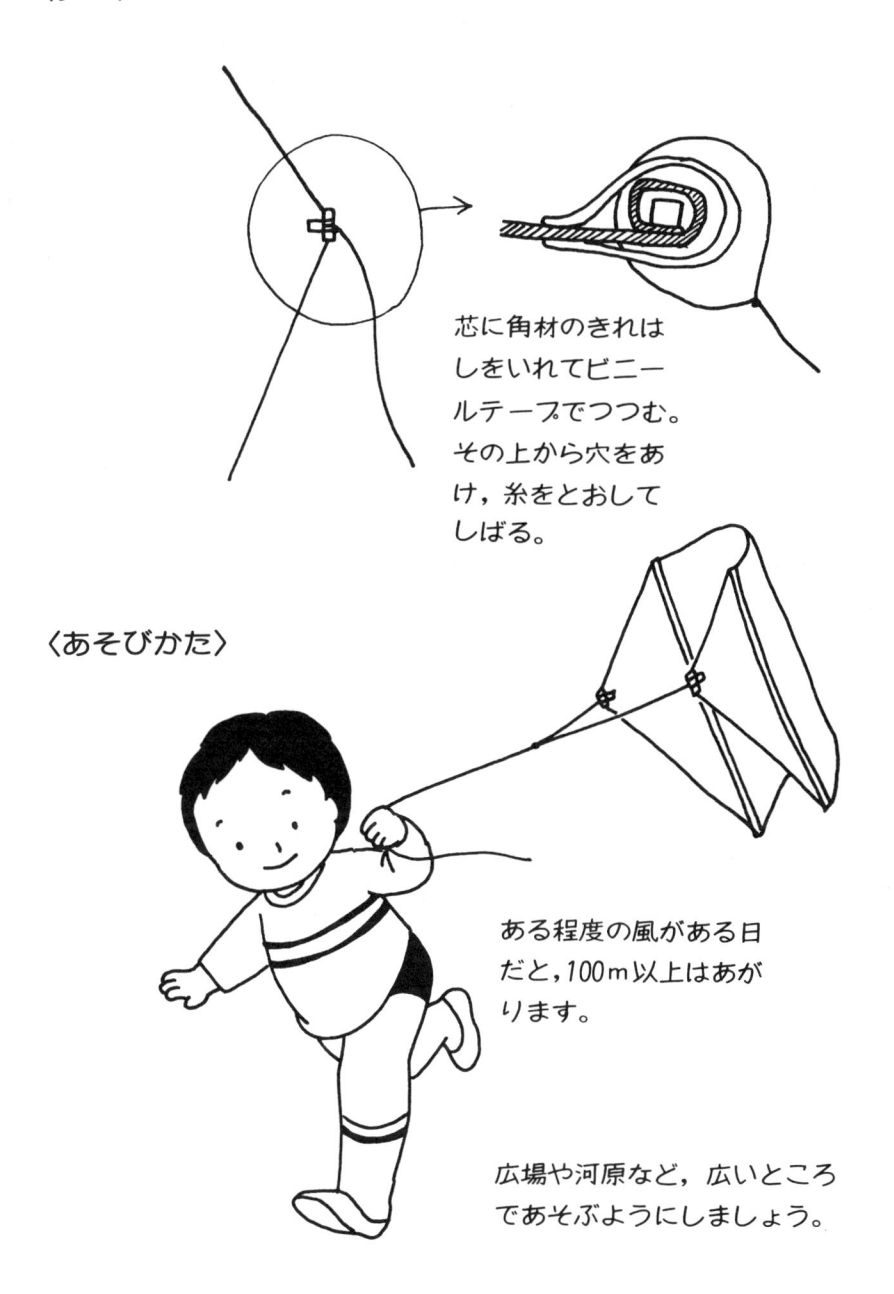

芯に角材のきれはしをいれてビニールテープでつつむ。その上から穴をあけ，糸をとおしてしばる。

〈あそびかた〉

ある程度の風がある日だと，100m以上はあがります。

広場や河原など，広いところであそぶようにしましょう。

30 紙皿のUFO

曲線部分をセロハンテープでとめる

用意するもの

紙皿，はさみ，輪ゴム，フェルトペン，クレヨン

主な活動

・はさみで切りこみをいれる。
・二枚あわせてセロハンテープではる。
・カッターナイフで切りぬきの模様をいれ，色セロハンをはる。

指導のポイント

・紙皿のまわりが外側にまるめてあるので，それをのばし，はさみの根元を使って輪ゴムをひっかける切りこみをつけます。
・輪ゴムを使うと，それほど遠くまでとばないがクルクルとまわりながらとんでいきます。二枚合わせのUFOは投げてあそぶのでかなり遠くまでとばすことができます。
・〈その2〉の場合，二枚合わせにする前に，カッターナイフで模様やマークをきりぬかせ，その上に色セロハンをはるときれいです。また，そのまわりにフェルトペンで彩色してもよいでしょう。
・二枚合わせにするためにセロハンテープを使いますが，フチが丸くなっているため，長いままのセロハンテープでは使いにくいわけです。短かく切ったセロハンテープをまわりにはっていくほうがやりやすいでしょう。
・二枚合わせのUFOでも，フチに輪ゴムをひっかける切りこみをいれて，輪ゴムを使ってとばすと，回転がきれいでよく見えます。
・みんなで一線にならび，UFOとばしの競争をしてもおもしろいでしょう。

〈つくりかた〉　〈その1〉　紙皿一枚でつくる場合

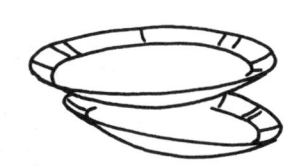

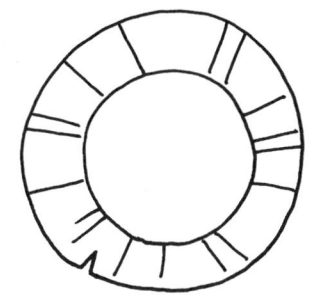

市販の紙皿の
1カ所に切りこみをいれ,
輪をひっかけて飛ばす。

紙皿に絵をかかせる。

〈あそびかた〉
円ばんとばし（67頁）と同じ
要領です。

クルクルとまわりながら飛びます。

〈その2〉　紙皿を二枚合わせてつくる場合

紙皿を二枚合わせて,まわりをセロハン
テープでとめる。

101

〈あそびかた〉

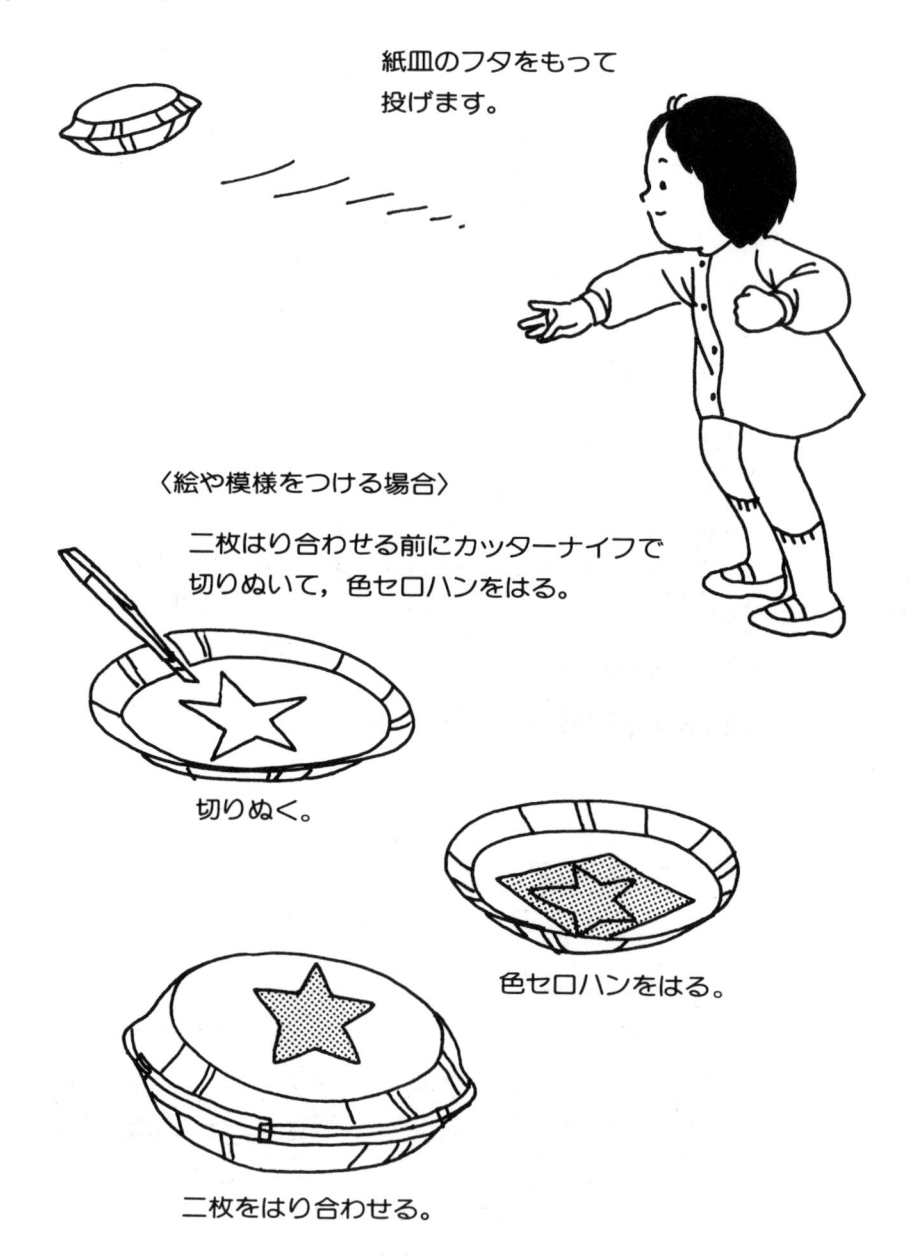

紙皿のフタをもって投げます。

〈絵や模様をつける場合〉

二枚はり合わせる前にカッターナイフで切りぬいて，色セロハンをはる。

切りぬく。

色セロハンをはる。

二枚をはり合わせる。

㉛ とびだすロケット

円すいのつくりかたをおぼえる

🌸 用意するもの

紙コップ2個，輪ゴム，画用紙，セロハンテープ，フェルトペン，はさみ

🌸 主な活動

・ロケットの先の円すいをつくり，紙コップにセロハンテープでつける。
・はさみかカッターナイフで紙コップに4カ所の切りこみをいれる。
・切りこみに輪ゴムをたすきがけにかける。
・フェルトペンでロケットに色をぬったり，模様をつける。

🌸 指導のポイント

・ロケットの先の円すいは，保育者が紙コップの直径の4倍ぐらいの円をかいておき，それを切らせてセロハンテープでとめてつくらせます。
・できた円すいと紙コップとをまたセロハンテープでとめます。
・もうひとつの紙コップに1cmぐらいの切りこみを4カ所いれますが，この場合あまり深く切りこみすぎないように気をつけます。
　とくにカッターナイフを使って，紙コップを立てたまま，切りこんでいくと，よく切りすぎることがあります。
・できあがったロケットをとばしてあそぶとき，輪ゴムが切りこみに深くくいこみ，切りこみが大きくなってきます。そのときは切りこみの下にセロハンテープをはって防ぐようにします。
・ロケットを力いっぱい発射台のなかにいれこむと，輪ゴムが切れてしまいます。手加減をしていれるようにします。

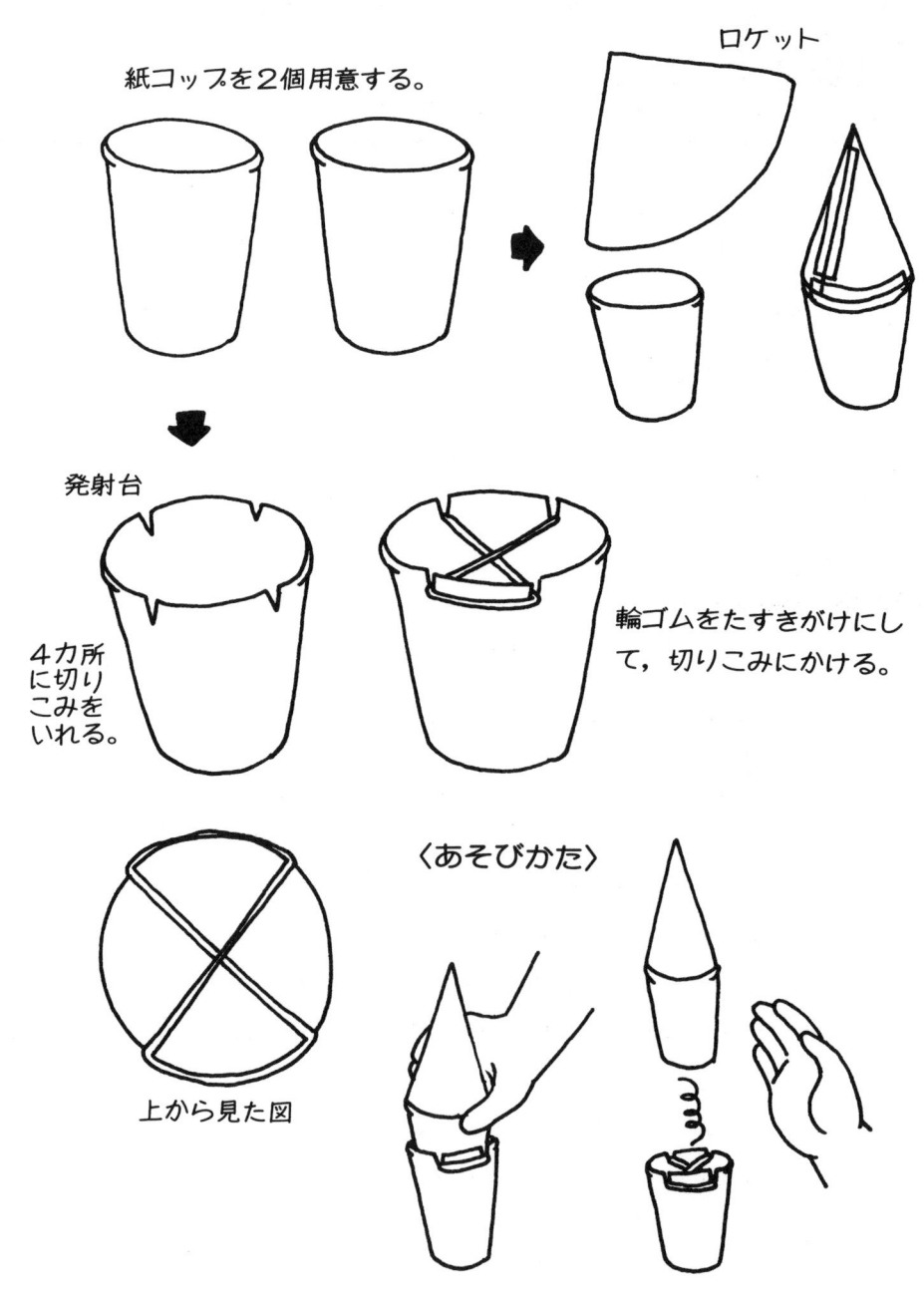

〈つくりかた〉

紙コップを2個用意する。

ロケット

発射台

4カ所に切りこみをいれる。

輪ゴムをたすきがけにして，切りこみにかける。

上から見た図

〈あそびかた〉

ロケットを発射台にさしこみ，手をはなす。

32 ボーリングあそび

小さい口に水を入れる方法を知る

用意するもの

シャンプーの空容器，広告の紙，セロハンテープ，ボール，ブロック

主な活動

・空容器に水をいっぱいいれる。
・ブロックを同じ高さに積み重ねる。

指導のポイント

・ここでは工作的活動よりも，たのしいあそびの道具を身近な材料をそのまま生かして使うことです。
・ボーリングは，ならべた10本のピンにボールをころがして倒すゲームです。そのピンにシャンプーの空容器を使うわけですが，空ですと軽いので，シャンプー容器の中に水をいれます。このときにどうしたら水をこぼさずにいれることができるか，ということを子どもたちに考えさせます。
　小さな口では，入口から水がこぼれやすいので，広告の紙をまいてセロテープでとめて図のようなじょうごをつくらせます。
・10本の容器をならべるとき，ただならべるのではなく，一列目は1本，二列目は2本，三列目は3本，四列目は4本というように，上からみると三角形になるようにならべさせます。
・ブロックでピンをつくるときは，ブロック10個を同じ高さに積み重ねます。
・あそぶとき，ボールを投げた子がつぎにピンを直す係になるように順番をきめてあそびます。
・グループにわかれて，倒したピンの数を競争したり，倒したピンの数を表にかきこんだりできるように，幼児にわかるような表のつくりかたを考えてあげましょう。

〈つくりかた〉

シャンプーなどの空容器をピンにする場合

このままでは軽すぎるので，なかに水を入れる。
水をこぼさないで入れるには…。

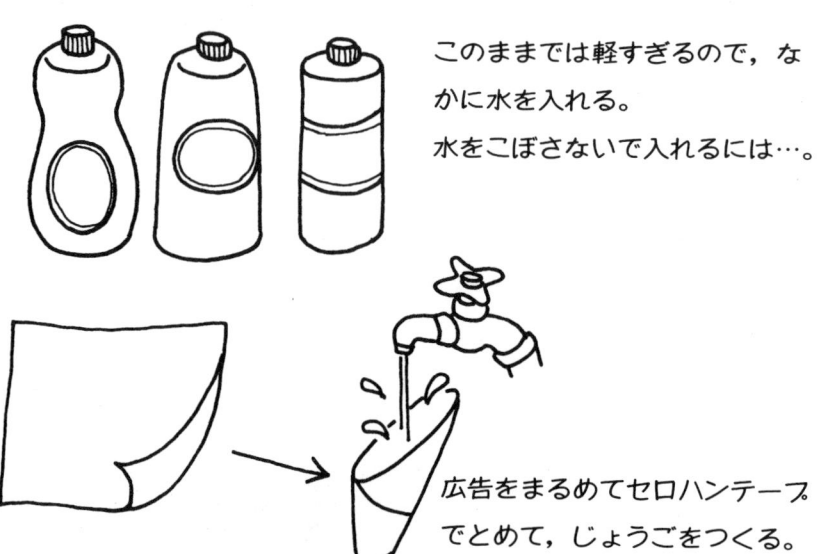

広告をまるめてセロハンテープでとめて，じょうごをつくる。

〈あそびかた〉

10本の容器を立てて，ボールをころがします。

得点表を作ってあそびましょう。

ピンを，ブロックでつくる場合

10本とも，ブロックの数を同じにしてつみあげる。

ボールをころがす位置は年齢によって変えましょう。
床をころがすようにボールを投げさせます。

33 かん馬

かなづちを使って穴をあける

☺ 用意するもの
あきかん，くぎ，かなづち，ひも

☺ 主な活動
・あきかんにくぎとかなづちで穴をあける。
・あけた穴にひもをとおしてむすぶ。

☺ 指導のポイント
・かんの切り口は，あらかじめ始末してから子どもたちに渡します。
・初めてかなづち，くぎを使う場合，ひとりずつあきかんの下をおさえてあげて，穴をあけさせます。
・つくらせる前に，保育者がつくったものを部屋にもっていき，実際にのってみせたり，子どもたちにのらせたりして，子どもたちの興味をひきます。
・穴にとおすひもにビニールひもを使うと，弱くてすりきれてしまいます。できれば，しゅろなわなどのじょうぶなひもを使ってください。
・最初は高さの低いかんを使い，慣れてきたら高いかんを使ってみるとよいでしょう。高いかんですと，つぶれやすくなります。
・あそびかたとしては，二組にわかれてかん馬乗り競争をしたり，運動会の障害物競走にとり入れてもおもしろいでしょう。
・なわ（ひも）をむすぶときは，保育者が手伝ってむすばせるようにします。

〈つくりかた〉

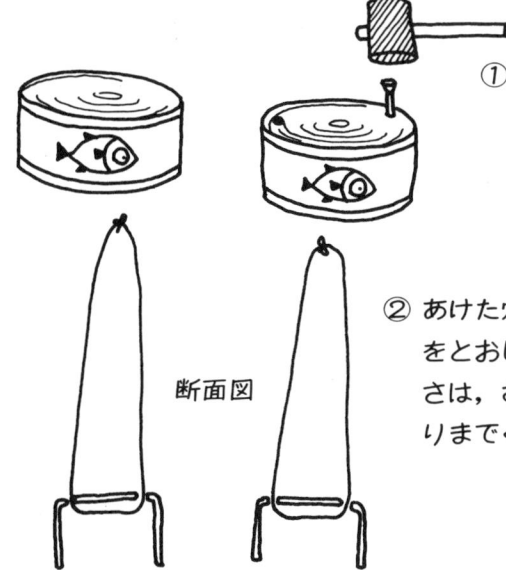

① 太いくぎで，かんに大きめの穴をあける。

断面図

② あけた穴に，じょうぶなひもをとおしてむすぶ。ひもの長さは，むすび目がへそのあたりまでくる長さにする。

〈あそびかた〉

最初は高さの低いかんを使っておこない，慣れてから，高いかんに挑戦してみよう。

グループ別にかん馬競走をしたり，障害物競走にとり入れてもおもしろいでしょう。

34 時間と量を知る
砂 時 計

❀ 用意するもの

調味料の空ビン2個（食卓塩），小砂，セロハンテープ，ビニールテープ，目のこまかいフルイ，ガーゼ

❀ 主な活動

- フルイやガーゼでこして，粒のそろった小砂をつくる。
- ビンの中ブタのまんなかの穴をひとつ残して，あとをセロハンテープでふさぐ。
- ビンに小砂をいれる。
- 2個のビンの口どうしをくっつけて，まわりをビニールテープでまいてつなぐ。

❀ 指導のポイント

- 粒のそろった小砂づくりに手間がかかります。まず，砂場の砂を目のこまかいフルイにかけ，洗って乾かし，ガーゼのような布でこすのです。
- ビンの中にいれる砂の量は，ビンに砂をいれてフタの穴から砂をこぼしてなくなるまでの時間を計って，たとえば3分で落ちた砂の量だけをビンにいれるわけです。
- 時間のわくを決めておこなうゲームのときなどに，この砂時計が活用できます。
- しかし，この砂時計の欠点は，最後にフタのところにすこし砂がたまったまま落ちないところです。砂が全部きれいに下に落ちるようにするためには，フタの内側を紙粘土でじょうごのかたちにします。その場合，紙粘土が軟らかいうちにビンにフタをして，すぐとって乾かします。
- この砂時計を，電話の長話の好きなお母さんへの，母の日のプレゼントにしては，どうでしょうか。

〈つくりかた〉

食卓塩のビン

① 砂場の砂を目のこまかいフルイにかける。

② 水に入れて、洗って乾かす。

③ ガーゼでこす。

④ まんなかの穴を残してセロハンテープでふさぐ。

砂をいれてフタをする。

ビニールテープ

⑤ ビニールテープで、2つのビンをつなぐ。

制限時間のあるゲームに使ったり、母の日のプレゼントにしましょう。

㉟ たまごパックの水車

はさみ・目打ち・かなづちなどを安全に使う

🌸 用意するもの

たまごのパック（10個入りの容器），アイスクリームなどのポリ容器2個，針金(太いもので35cmぐらいの長さ），セロハンテープ，ホッチキス，目打ち，はさみ，ビニールテープ，あきかん，砂，かなづち，くぎ

🌸 主な活動

・たまごパックをはさみで切る。
・ホッチキスとセロハンテープでとめる。
・ポリ容器の底とフタの中心に目打ちで穴をあける。

🌸 指導のポイント

・この水車をクラスの全員がつくる場合，たまごパックが人数分，アイスクリームなどの空容器が人数分の二倍必要ですので，かなり前から集めておくようにしましょう。
・たまごパックを2つに切りはなし，中表にして輪をつくるとき，ひとりではできにくいので，二人ずつ組んでつくらせるとよいでしょう。
・目打ちで穴をあけるとき，空にもってあけないで，かならず机の上にカッター台を敷いた上か，作業台の上において穴をあけさせるようにします。
・水車をささえる台は，図のようなかんを使ってもよいし，二またに分れた木の枝でもよいし，手で持ってもよいでしょう。
・川などであそぶときは，流れのあるところに置くとよくまわります。
・色をつけるときは，油性ペンを使ってください。また，いろいろな色のビニールテープをはると，まわったときにきれいにみえます。

〈つくりかた〉
① たまごパックの空容器を，上下に切りわける。

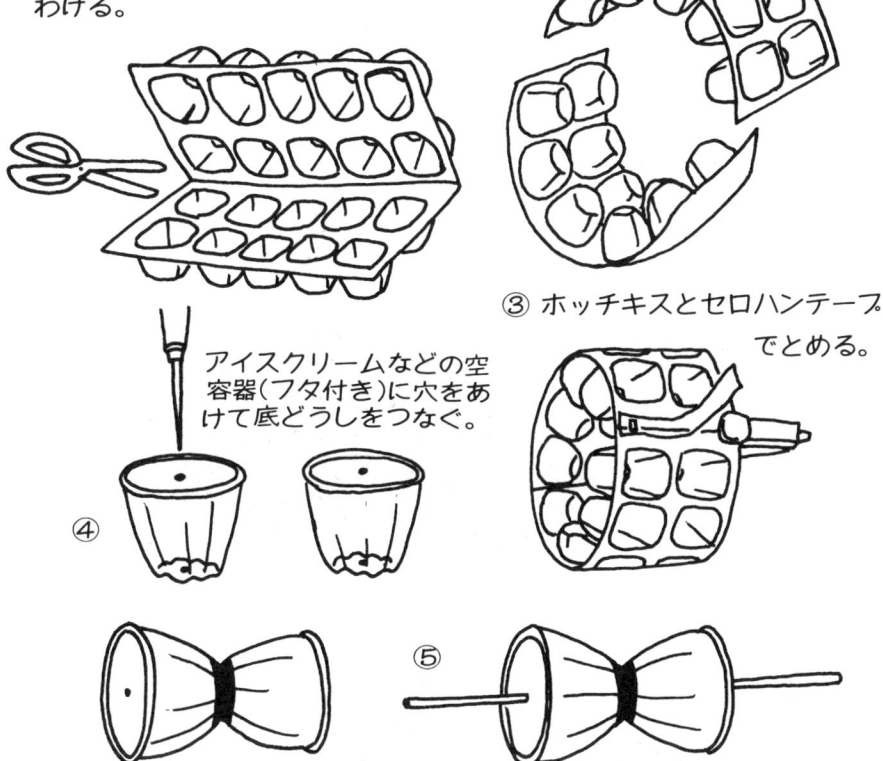

②

③ ホッチキスとセロハンテープでとめる。

アイスクリームなどの空容器(フタ付き)に穴をあけて底どうしをつなぐ。

④

⑤ 穴に太い針金をとおす。

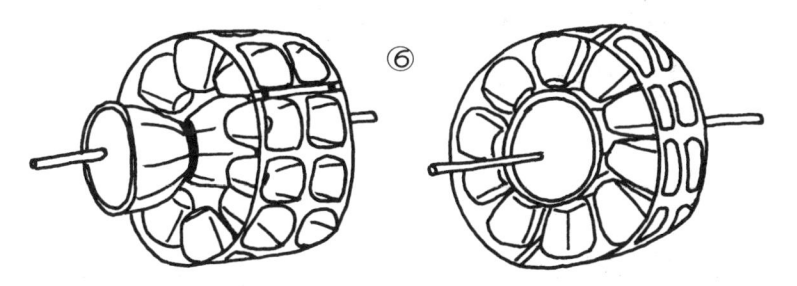

⑥ ⑤を，たまごパックを輪にした中に入れて，セロハンテープでとめる。

113

⑦ あきかん2個に砂をつめ，支柱をつくる。

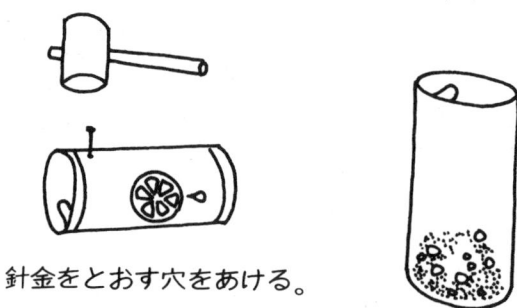

針金をとおす穴をあける。

⑧ できあがり。

〈あそびかた〉

油性ペンやビニールテープで色や模様をつけるときれいです。

上から水をかけたり，小川にセットして，まわしてあそびましょう。

㉟ 音がでる原理に気づく
ストロー笛

❀ 用意するもの
ストロー，はさみ

❀ 主な活動
- ストローを，はさみで長さ5～6cmに切る。
- 吹き口の方がとがるようにななめに切る。

❀ 指導のポイント
- 最初にストローを切るとき，保育者がこのくらいの長さに切りなさいと，見せて切らせます。定規で5cmと測らなくてもよいでしょう。
- このストロー笛の作業はかんたんですが，吹き口をななめに切るところが少し困難です。保育者がこのように切りましょうといっても，うまく切れない子がいます。その場合，もう一度切り直しをさせます。多少短かくなっても音はでます。
- 吹くとき，吹き口を親指と人さし指で押さえ，吹き口のところが平たくなったところで口にいれて吹くとなります。
 ならない場合，もう一度指で押さえてから吹き直します。これを繰り返していると音がでるでしょう。
- ストロー笛を口にくわえて吹きながら，両手を口のところにあてて，おおいかくしたり，開いたりすると音色がちがってきます。
- このストロー笛に似ているのが，タンポポの茎笛です。タンポポの茎笛はななめに切らないで，吹き口のところを同じように押さえて吹くとなります。園外保育などでタンポポをみつけたら，茎笛をつくってみましょう。

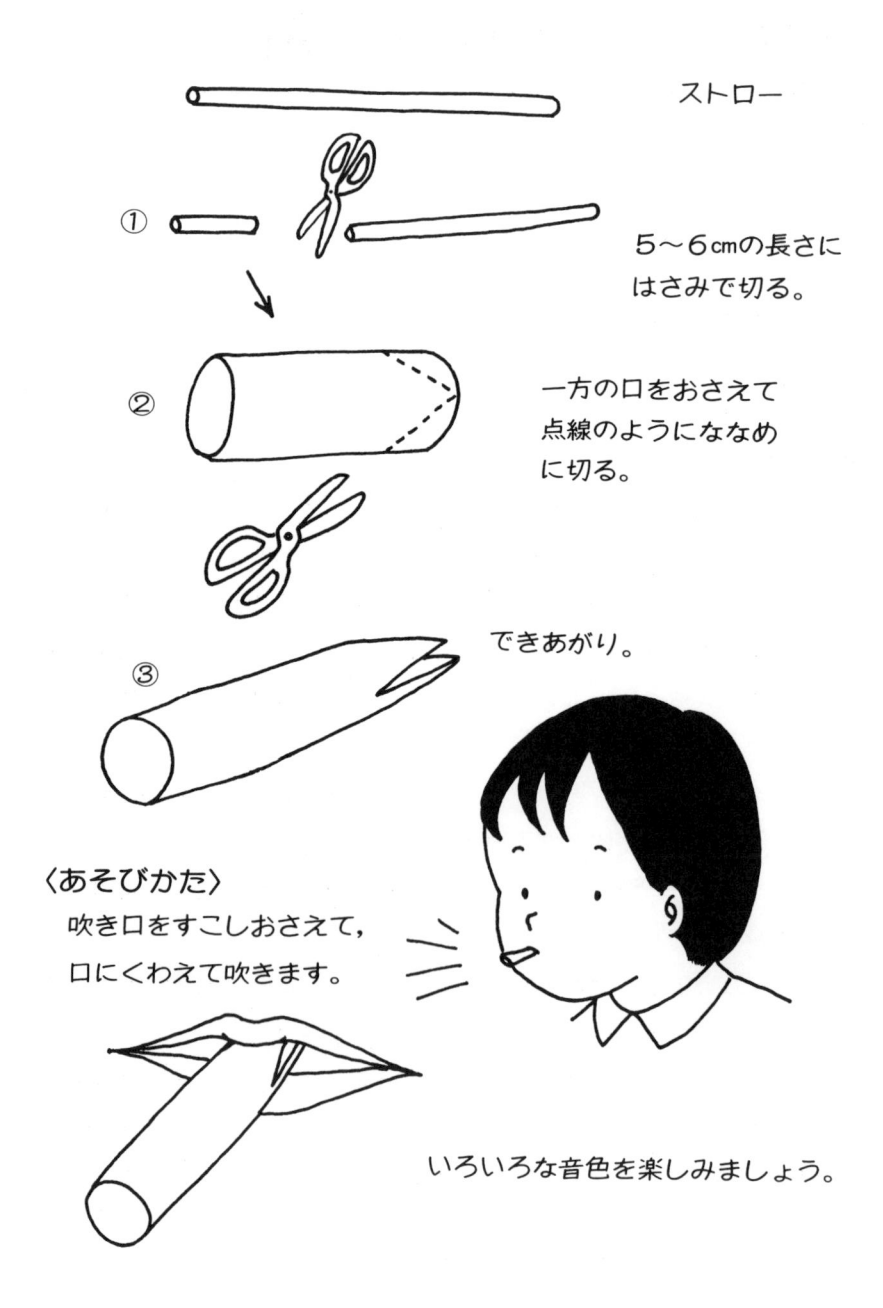

〈つくりかた〉

ストロー

① 5〜6cmの長さにはさみで切る。

② 一方の口をおさえて点線のようにななめに切る。

③ できあがり。

〈あそびかた〉
吹き口をすこしおさえて，口にくわえて吹きます。

いろいろな音色を楽しみましょう。

37 まきとり棒

両手首を同時に使う活動

❀ 用意するもの

わりばし4膳，タコ糸（ヒモでもよい），ビニールテープまたはセロハンテープ，リボン（少々），つまようじ，リリアン糸，はさみ

❀ 主な活動

・わりばしにタコ糸（ヒモ）をまきつけてむすぶ。
・タコ糸（ヒモ）の長さの中間位置を知り，そこへリボンをむすぶ。

❀ 指導のポイント

・このおもちゃづくりのむずかしいところは，わりばしにタコ糸をむすびつけるところだけです。むすぶとき，保育者が見守り，子どもたちができるところまでさせて，最後に手伝うようにします。
・ビニールテープをまくのも，むずかしいですが，まず保育者がやってみせてから子どもたちに同じようにやらせていきます。きれいにまけなくてもおもちゃとしての機能にかわりないので，子どもたちにまかせてやらせます。
・あそびかたは，二人で向いあってタコ糸（ヒモ）をまきとって，まんなかのリボンのところまで，どっちが早くいくかを競争しあうものです。勝負は早くつき，集団であそぶのに適しています。
・〈その2〉は，〈その1〉のミニチュア版ですが，つまようじにリリアン糸をむすんだものです。この場合はむすびにくいので，保育者がつくってあげて，子どもたちにあそばせるようにします。
・〈その2〉は小さいので，指先でまわしてまきとるというあそびになります。

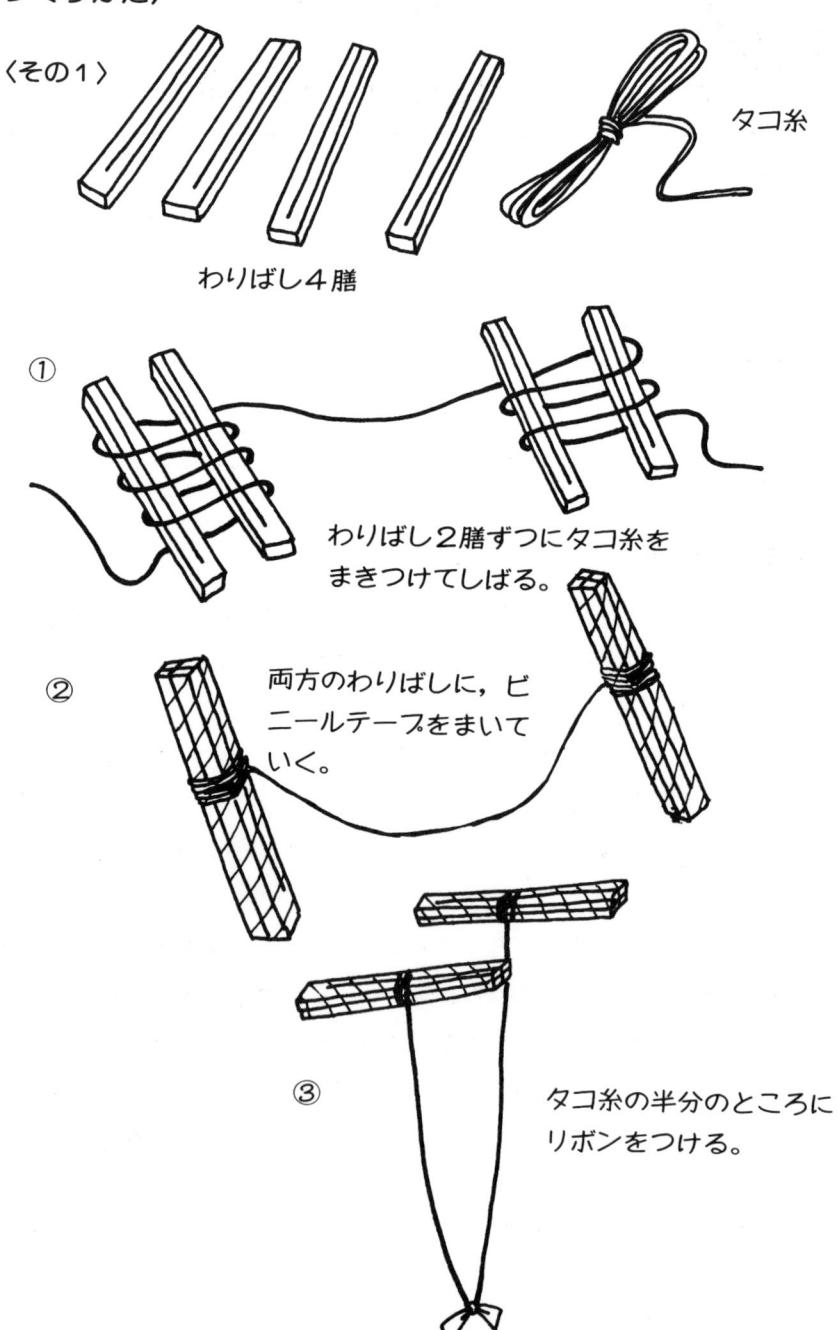

〈つくりかた〉

〈その1〉

タコ糸

わりばし4膳

① わりばし2膳ずつにタコ糸をまきつけてしばる。

② 両方のわりばしに、ビニールテープをまいていく。

③ タコ糸の半分のところにリボンをつける。

〈あそびかた〉

〈その1〉

むかい合って,「ヨーイドン」でまいていきます。

早くリボンのところまで,まきとった方が勝ちになります。

〈その2〉

つまようじでミニまきとり棒をつくる。

つまようじの先をはさみで切りとる。

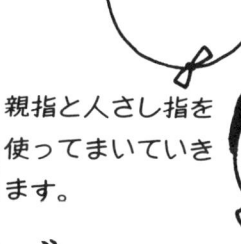

親指と人さし指を使ってまいていきます。

38 トンガリぼうし入れ

円すいのつくりかたを知る

🌸 用意するもの

画用紙，セロハンテープ，はさみ，油粘土，リング（直径2.5cm），タコ糸，わりばし

🌸 主な活動

・画用紙をまるめて円すいをつくる。
・円すいの中に油粘土をつめこむ。
・わりばしとリングをタコ糸でむすぶ。

🌸 指導のポイント

・円すいのつくりかたは，図のように四角い紙をまるめてつくる方法と，円に切って，1ヵ所を中心までの切りこみをいれてつくる方法とがあります。ここで使う円すいは小さいので後者のつくりかたでもかまいません。
・色画用紙を使っていろいろな色のトンガリぼうしをつくります。
・円すいの直径は3cmぐらいにします。
・直径2.5cmのリングにタコ糸をむすび，その一方をわりばしにむすびますが，タコ糸の長さは25cmぐらいにします。
・タコ糸でつるしたリングを，トンガリぼうしにいれてあそぶのですが，なかなかうまくはいらないものです。集中力がいるあそびです。
・どうしてもはいらないときは，タコ糸をわりばしにまきつけて，タコ糸の長さを短かくしてもよいでしょう。
・トンガリぼうしを4個ぐらいならべて，順番にリングをいれていき，だれが早く4個のトンガリぼうしにうまくいれられるかを競うゲームもできます。

〈つくりかた〉

① 円すいをつくる。

②

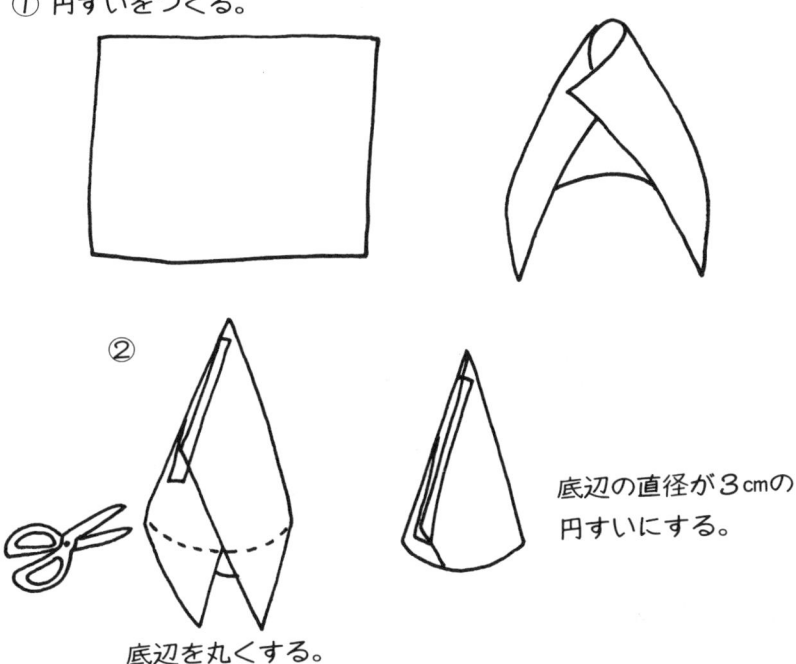

底辺を丸くする。

底辺の直径が3cmの円すいにする。

③ 円すいの中に油粘土をつめる。

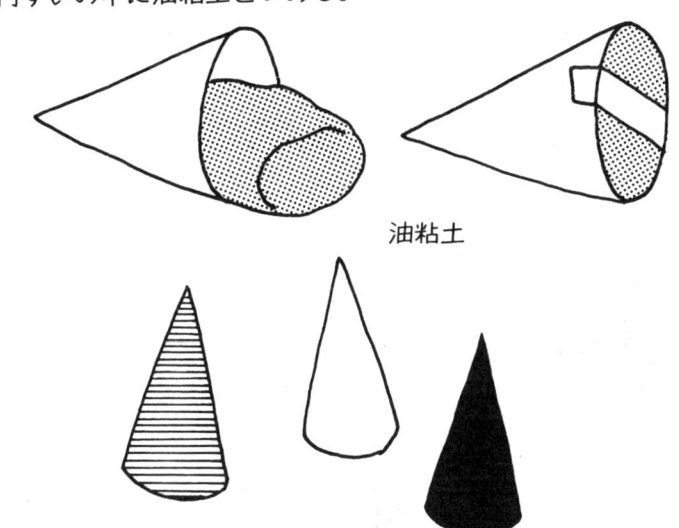

油粘土

色画用紙を使って、いろいろなトンガリぼうしをつくりましょう。

わりばし

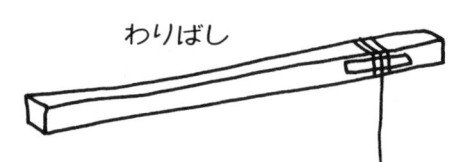

25cm

わりばしとリングの間の長さは25cmぐらいにする。

リングが手元にないときは，針金をまるく輪にして代用する。

リング（直径2.5cm）

〈あそびかた〉

タコ糸でつるしたリングを，トンガリぼうしに入れてあそびます。
なかなかうまく入りません。
集中力のいるあそびです。

㊴ シャボン玉

大きくて、丈夫な玉がたくさんでるシャボンをつくる

🌸 用意するもの

ストロー，画用紙，はさみ，せっけん，湯，砂糖

🌸 主な活動

・せっけん水をつくる。
・ストロー，画用紙を使って，シャボン玉をふく道具をつくる。

🌸 指導のポイント

・せっけん水をつくるとき，お湯を使ってとかし，砂糖をいれるのを忘れないようにします。
・せっけん水をつくるのに，中性洗剤は絶対に使わないようにします。
・大きなシャボン玉をつくるのには，どうしたらよいかと考えさせ，画用紙やストローより太い筒などを用意します。
・だれが大きいシャボン玉をつくるか吹きあってみます。
・〈その2〉のAとBは，保育者がつくり，せっけん水をつけてシャボン玉をつくってみせます。
・毛糸の手袋をもってきてもらい，大きなシャボン玉捕りをします。
・シャボン玉あそびは，風の日に園庭でおこなうようにします。
・たくさんシャボン玉のでる液をつくるときは，まつやに（5 g），炭酸ソーダ（3 g），ふのり（1.5 g），水（200 cc）をまぜて煮たてたものをさまして，適当にうすめて液をつくります。シャボン玉をつくる道具は，〈その2〉のAとか，ストローをたばねたものを使います。

〈せっけん水のつくりかた〉

固形せっけんをこまかくけずり、お湯でといてつくる。
そこに、砂糖をいれてよくかきまぜると、われにくい、じょうぶなシャボン玉のできるせっけん水になる。

〈ストローのいろいろ〉

〈その1〉

ストローを切ったり、たばねたり、画用紙をまるめたりして、せっけん水をつけて、吹いてみよう。
どんなシャボン玉ができるかな、いろいろとためしてみよう。

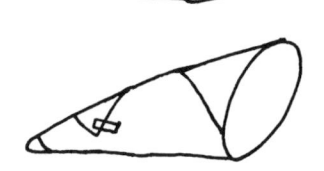

〈その2〉

A) 針金をくるくるまいて輪をつくる。

B) 針金で大きい輪をつくり，細く切った布きれ，毛糸，ひもなどをまきつける。

　Bを使う場合，口の広い洗面器などにせっけん水をいれて，Bを水平に静かにもちあげるとまくができる。ゆっくりと振ると大きなシャボン玉がつくれる。

かわいた毛糸の手袋をはめるとシャボン玉をキャッチすることができます。

シャボン玉をつきあげる競争もできます。

40 はねるさかな

バネのはたらきを知る

😊 用意するもの

長細い箱2～3個，したじきのきれはし，竹ヒゴ2～3本，細い竹，細いはりがね，フェルトペン，はさみ，接着剤

😊 主な活動

・箱を展開してふたの部分を切りとり，うら返して再び箱状に組み立てる。
・バネになるしたじきのきれはしに穴をあけ，角を丸くけずる。

😊 指導のポイント

・箱のふたの部分を切るとき，誤ってのりしろ部分を切りはなさないようにします。
・バネは，このほかケント紙やせんたくばさみ等でもためしてみましょう。
・どんなはじき方をしたらよくはねるか，工夫させます。

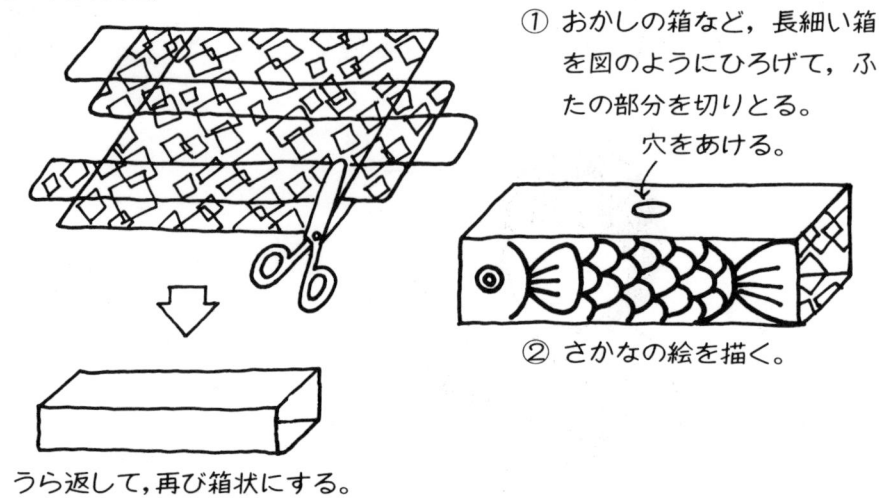

〈つくりかた〉

① おかしの箱など，長細い箱を図のようにひろげて，ふたの部分を切りとる。

穴をあける。

② さかなの絵を描く。

うら返して，再び箱状にする。

接着剤

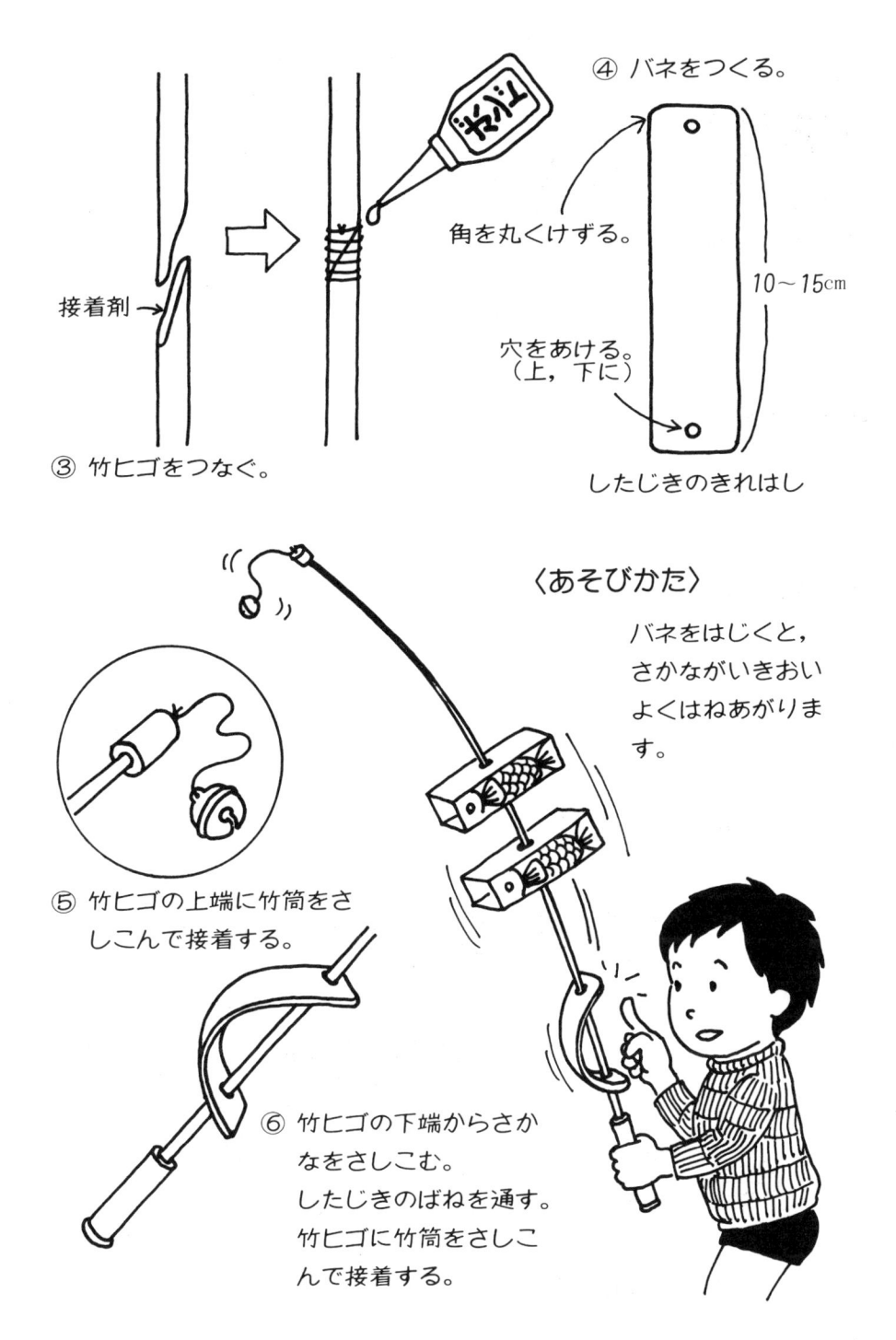

③ 竹ヒゴをつなぐ。

④ バネをつくる。

角を丸くけずる。

10〜15cm

穴をあける。
（上，下に）

したじきのきれはし

〈あそびかた〉

バネをはじくと，さかながいきおいよくはねあがります。

⑤ 竹ヒゴの上端に竹筒をさしこんで接着する。

⑥ 竹ヒゴの下端からさかなをさしこむ。
　したじきのばねを通す。
　竹ヒゴに竹筒をさしこんで接着する。

41 からくりのおもしろさをさぐる
ふしぎなカード

☺ 用意するもの
厚紙（13cm×8cm）2枚，紙テープまたはリボン（1cm×45cm），のり，フェルトペン

☺ 主な活動
・紙テープを図のようにのりづけする。
・カードに各自すきな絵を描く。

☺ 指導のポイント
・紙テープはじゅうぶんにのりしろをとってはります。のりしろが小さすぎると，開閉をくりかえすうちにとれてしまうことがあります。
・うらおもてが色ちがいのカードを使うと，返すたびに色ちがいになるのでおもしろく，ふしぎさがいっそう増します。

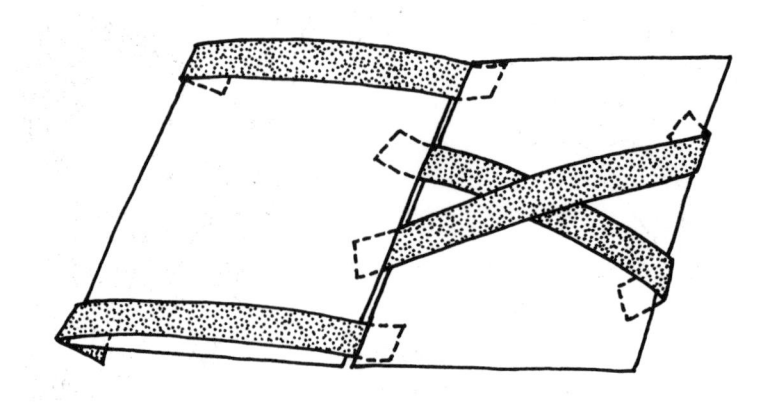

〈つくりかた〉

2枚の厚紙に紙テープを図のようにのりづけする。

絵を描く。

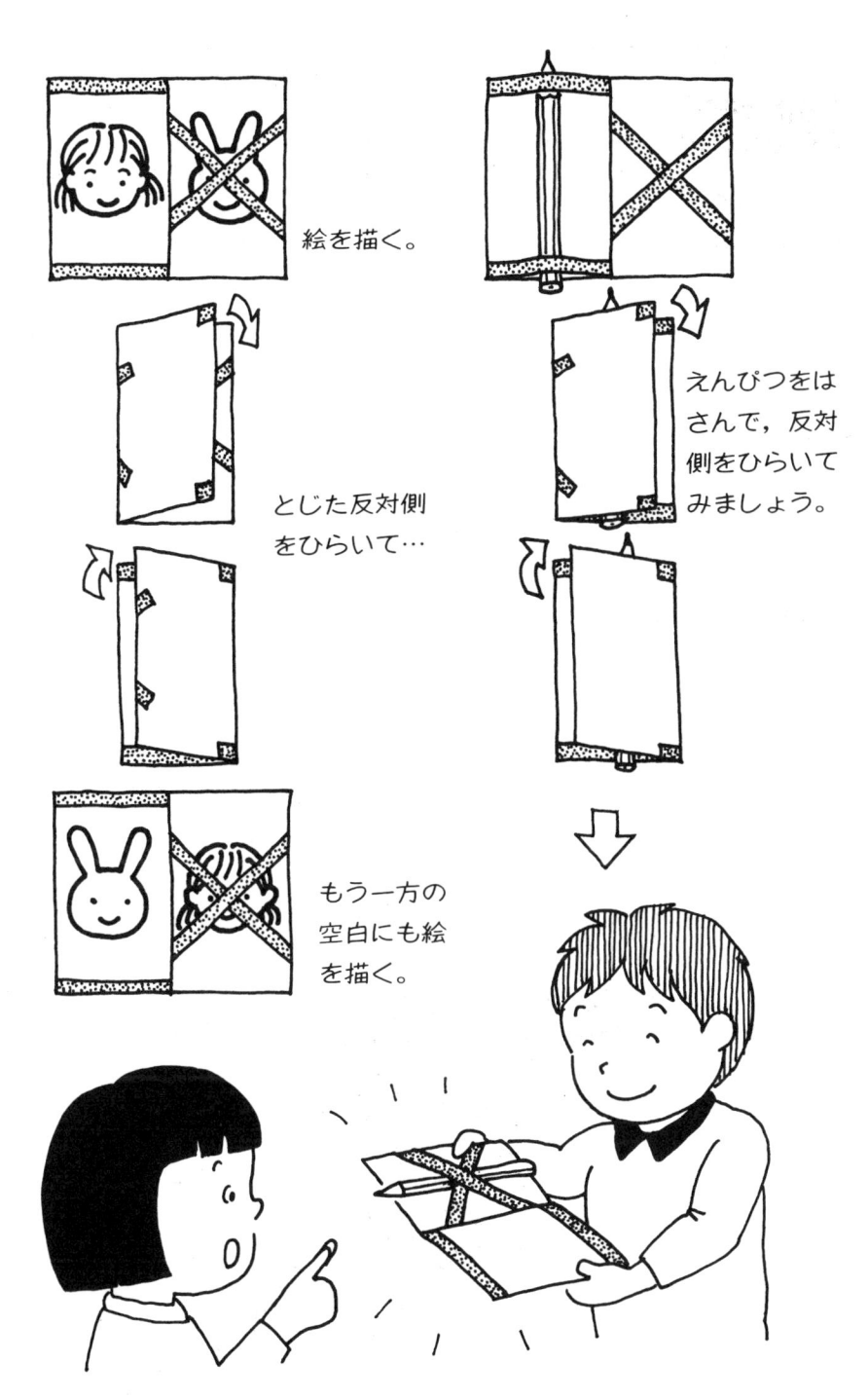

えんぴつをはさんで，反対側をひらいてみましょう。

とじた反対側をひらいて…

もう一方の空白にも絵を描く。

42 まつぼっくりにんぎょう

ユーモラスな動きをくふうする

🌸 用意するもの

まつぼっくり（大きめのもの），紙粘土，模型用ゴム，接着剤，はさみ，フェルトペン

🌸 主な活動

- まつぼっくりの突起部分にゴムをまきつけて，接着剤で固定する。
- ゴムの先に紙粘土をつけて頭，手，足をつくり，顔などを描く。

🌸 指導のポイント

- ゴムをつける位置のちがいでずいぶん表情が変わるものです。ならべてくらべてみましょう。
- 凹凸のなかに接着剤を流し込みますが，容器の先を充分に凹凸にさしこんでから注入します。こうすれば接着剤のたれ落ちが防げます。

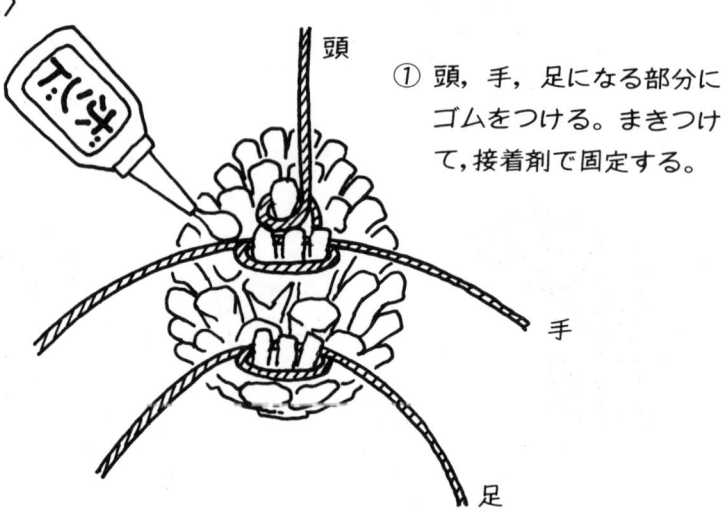

〈つくりかた〉

① 頭，手，足になる部分にゴムをつける。まきつけて，接着剤で固定する。

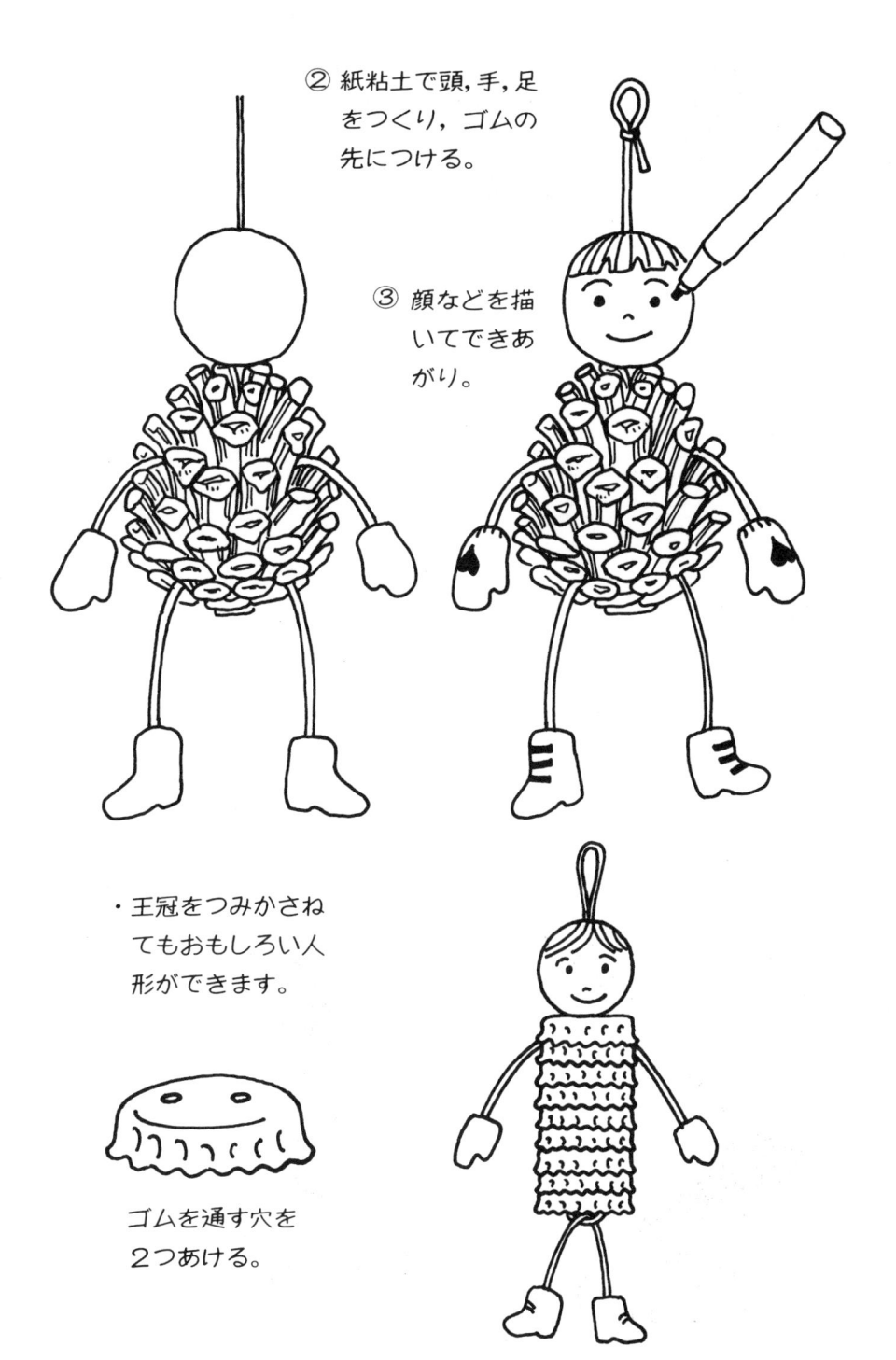

② 紙粘土で頭, 手, 足をつくり, ゴムの先につける。

③ 顔などを描いてできあがり。

・王冠をつみかさねてもおもしろい人形ができます。

ゴムを通す穴を2つあける。

43 王冠のギロ

かなづちを上手に使う

🌸 用意するもの

王冠（ビンのふた）20個，かまぼこ板（2枚），かなづち，くぎ，目打ち，はけ，ラッカー

🌸 主な活動

・まず，王冠の中央に太いくぎで穴をあける。次にかまぼこ板に固定する。
・はけを使って色ぬりをする。

🌸 指導のポイント

・王冠は，へりの部分がゆがんでいないものを選んでおきます。ゆがみがあると，こすり合わせて使うときにひっかかってしまいます。
・応用として，紙ヤスリをかまぼこ板にはりつけるという方法もあります。

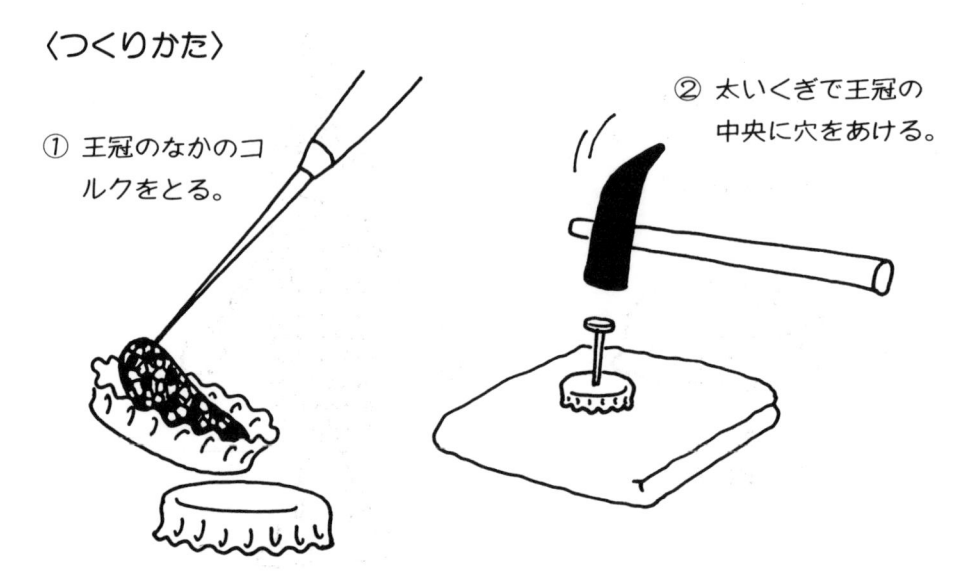

〈つくりかた〉

① 王冠のなかのコルクをとる。

② 太いくぎで王冠の中央に穴をあける。

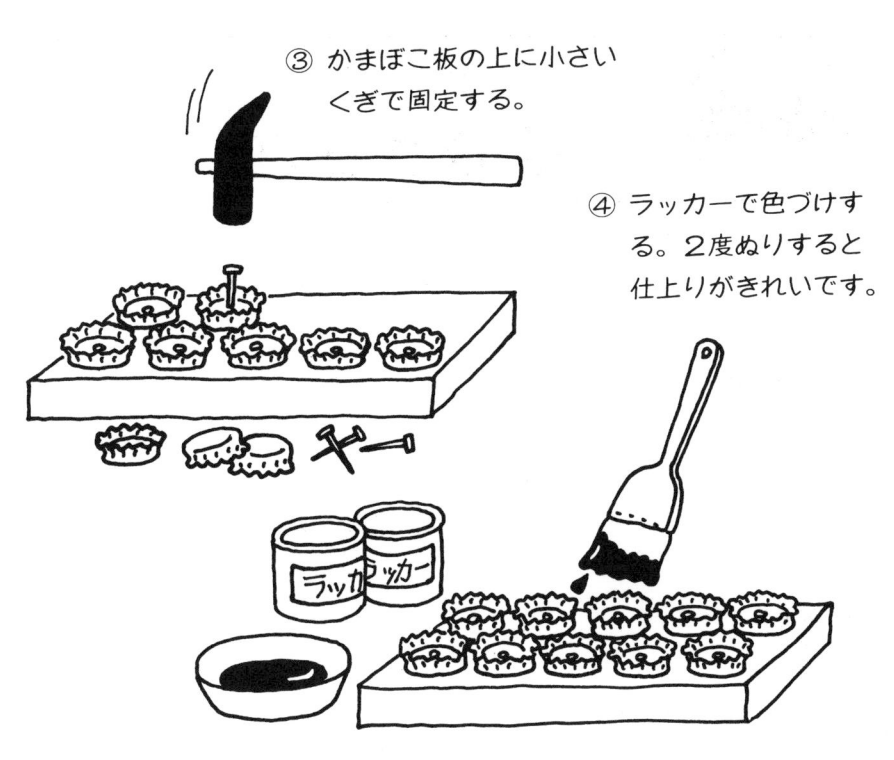

③ かまぼこ板の上に小さいくぎで固定する。

④ ラッカーで色づけする。2度ぬりすると仕上りがきれいです。

〈あそびかた〉

こすりあわせる。　　　たたきあわせる。　　　棒でこする。

44 はねうさぎ

紙テープをていねいに折る

🌸 用意するもの

薄手のケント紙（バネのはたらきをする弾力性のある紙），王冠，接着剤

🌸 主な活動

・紙テープを2枚つくる。
・2枚の紙テープを折り重ねて紙のバネをつくる。
・バネの両端にそれぞれ，王冠とうさぎの絵をはる。

🌸 指導のポイント

・紙テープはできるだけ正確に切ります。2枚の幅がちがったり，でこぼこしていると，折り重ねていくうちにだんだんゆがんでしまいます。

〈つくりかた〉

① 幅1.5cm，長さ40cmくらいの紙テープを2枚つくる。

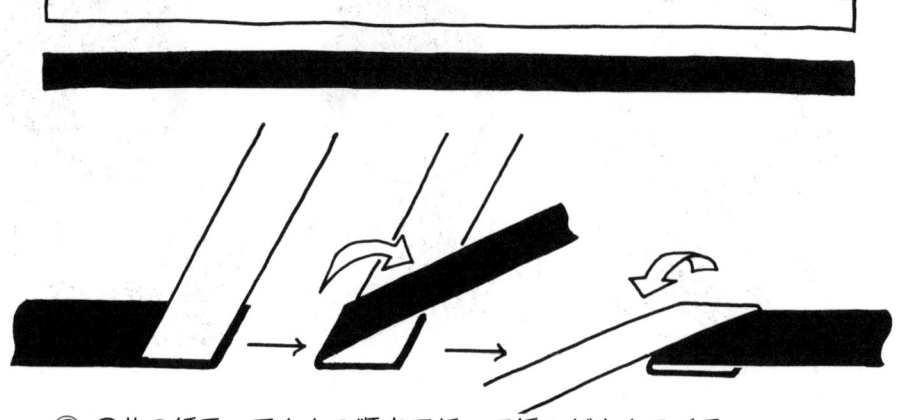

② 2枚の紙テープを上の順序で折って紙のバネをつくる。

③ 紙のバネを王冠に接着する。

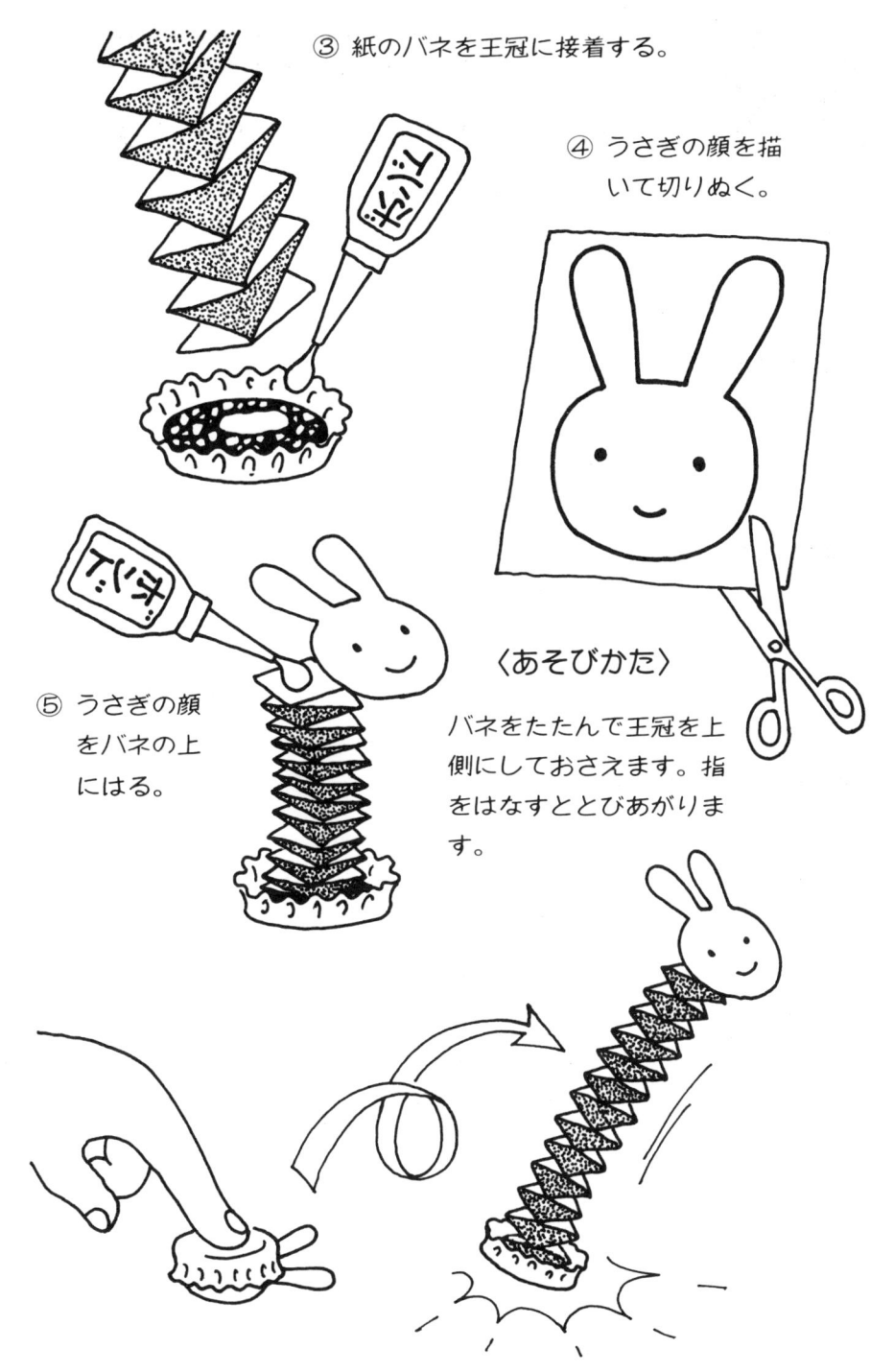

④ うさぎの顔を描いて切りぬく。

⑤ うさぎの顔をバネの上にはる。

〈あそびかた〉

バネをたたんで王冠を上側にしておさえます。指をはなすととびあがります。

45 どんぐりのやじろべえ

左右のバランスを考える

🌺 用意するもの
どんぐり，つまようじ，目打ち

🌺 主な活動
・目打ちでどんぐりに2カ所穴をあける。
・穴をあけたところへつまようじをさしこむ。

🌺 指導のポイント
・このやじろべえは，どんどん左右に大きくひろげていくおもしろさがあります。そのために長さが均一で先がとがっているつまようじを使います。
・どんぐりに穴をあけるとき，目打ちで表皮だけを傷つければ，中はやわらかいので，つまようじがかんたんにさしこめます。
・左右同じくらいの大きさのどんぐりで，位置も対称的にすればバランスがとれることをわからせて，つくっていきます。
・どんぐりの尻に目打ちで穴をあけ，つまようじにさしこんでまわせばこまができます。こまもつくりましょう。
・また，どんぐりの尻についている総苞というぼうしみたいのも使っておもしろいものができます。
　総苞だけ集めて順に糸をとおしてつないでいき，最後のは向かいあうようにします。いもむしのようなものができます。これは保育者がつくってみせてあげてください。

〈つくりかた〉

① どんぐりの左右に目打ちで穴をあける。その穴へつまようじをさしこむ。

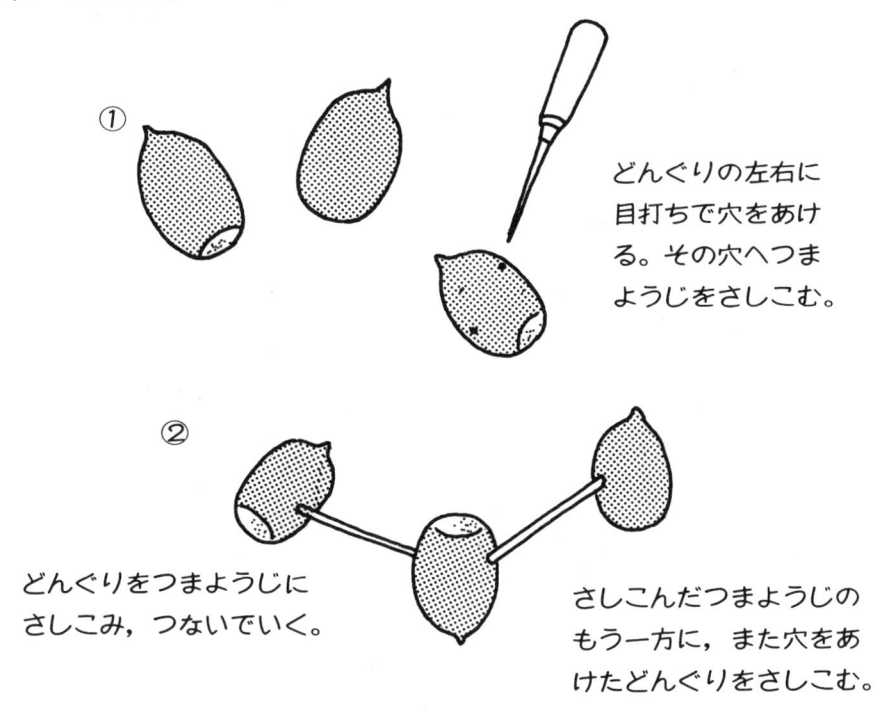

② どんぐりをつまようじにさしこみ，つないでいく。

さしこんだつまようじのもう一方に，また穴をあけたどんぐりをさしこむ。

③ 同じぐらいの大きさのどんぐりを左右につけて，バランスがとれるようにする。

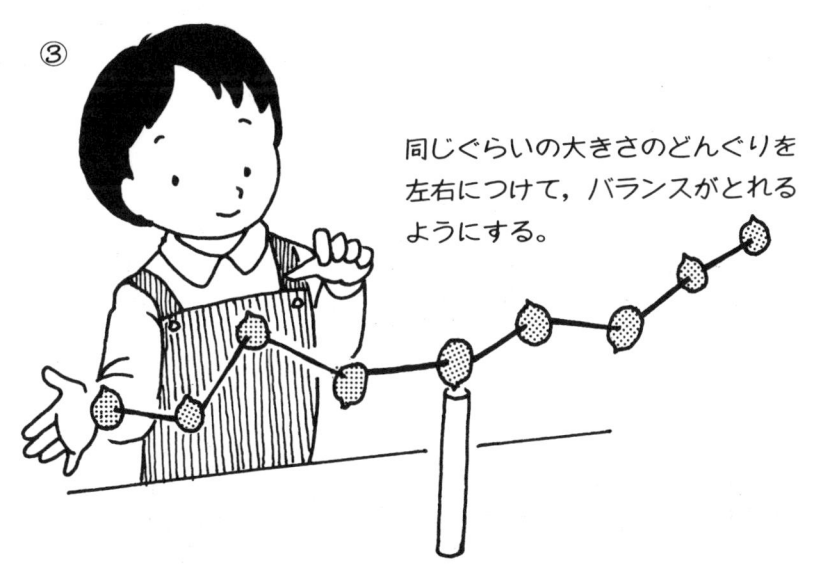

〈どんぐりごま〉

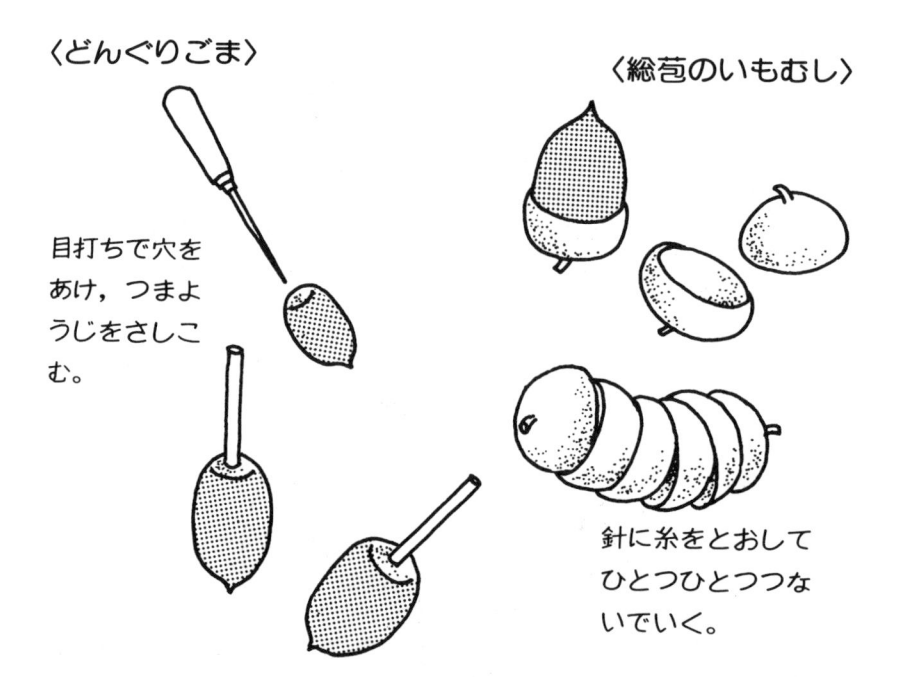

目打ちで穴をあけ、つまようじをさしこむ。

〈総苞のいもむし〉

針に糸をとおしてひとつひとつつないでいく。

〈どんぐりの種類〉

ブナ科の果実を総称して、どんぐりという。栗もブナ科だが、栗の実はどんぐりとはいわない。どんぐりがなる主な木に、クヌギ、アベマキ、カシワ、シラガシ、イチイガシ、ミズナラ、ウラジロガシ、アラカシ、アカガシ、コナラ、マテバシイなどがある。

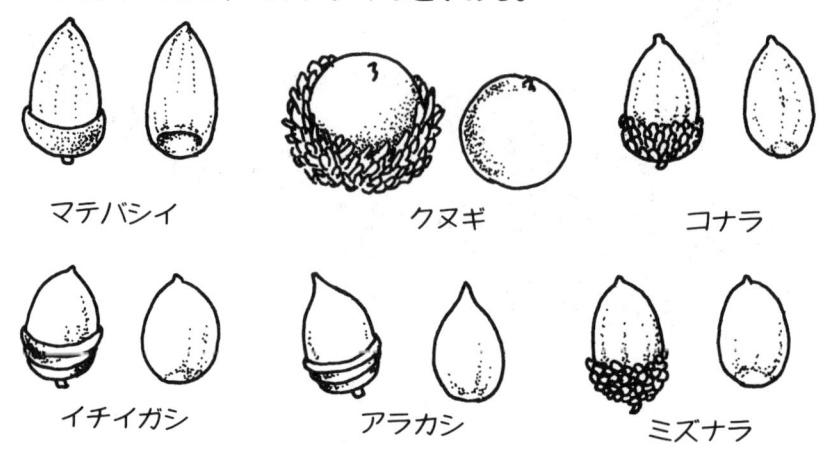

マテバシイ　　　クヌギ　　　コナラ

イチイガシ　　　アラカシ　　　ミズナラ

●執筆関係者一覧

企画構成	芸術教育研究所
監　修	多田信作
編　集	芸術教育研究所　上林　悟　本間英美子　阿部裕子
イラスト	佐々木史子　岡崎園子　渡井しおり　伊東美貴
協　力	芸術教育の会

本書の実践についてのお問い合わせは下記にお願いいたします。

芸術教育研究所
〒165-0026 東京都中野区新井 2-12-10
☎ 03 (3387) 5461

4・5歳児がつくってあそべる手づくりおもちゃ45

2007年10月1日　初版発行

編　者　芸術教育研究所
発行者　武馬久仁裕
印刷・製本　株式会社 太洋社

発行所　株式会社　黎明書房

460-0002 名古屋市中区丸の内3-6-27 EBSビル　☎052-962-3045
振替・00880-1-59001　FAX 052-951-9065
101-0051 東京連絡所・千代田区神田神保町1-32-2　南部ビル302号
☎03-3268-3470

落丁本・乱丁本はお取替します　　ISBN978-4-654-05924-9

© ART EDUCATION INSTITUTE 2007, Printed in Japan

豊田君夫著

3・4・5歳児のゲームあそび63　　A5・145頁　1600円

幼児のゲーム&あそび①　さまざまなゲーム遊びを，子どもの発達段階に合わせて，学期ごと，体系的に紹介。『3・4・5歳児ゲーム遊び年間カリキュラム』改題・改版。

芸術教育研究所・おもちゃ美術館編

0〜5歳児のリトミックあそび　　A5・140頁　1800円

幼児のゲーム&あそび②　生まれながらに備わっている動きのリズムを感覚的，総合的に教育するリトミックの指導カリキュラムを年齢別に紹介。『0〜5歳児のリトミック指導』改題・改版。

芸術教育研究所編

0〜5歳児の発達をうながすおもちゃのつくり方・あたえ方　A5・130頁　1800円

幼児のゲーム&あそび③　おもちゃが子どもの発達にはたす役割を年齢別に考察し，それぞれの年齢にあったおもちゃのあたえ方のポイントを解説。保育の現場で使える，手づくりおもちゃのつくり方を多数紹介。

多田千尋編著

0〜3歳児の親子ふれあい手づくりおもちゃ42　A5・94頁　1600円

子育て支援シリーズ④　0〜3歳児の成長・発達に合わせた，身近にあるもので簡単にできるふれあいおもちゃの作り方，遊び方をイラストで紹介。泡だて器のガラガラ／動物の吊りメリー／ひつじとお散歩／他。

NPO法人日本グッド・トイ委員会監修

おもちゃインストラクター入門　　B5・94頁　2000円

子どもの発達に合わせた玩具と手づくりおもちゃを学ぶ　玩具や手づくりおもちゃを使ったあそびを通して，子どもたちの心身の発達をサポートする「おもちゃインストラクター」のノウハウを集約。

多田信作監修　芸術教育研究所・おもちゃ美術館編

手づくりおもちゃ事典　　A5・295頁　4000円

伝承手づくりおもちゃから現代の手づくりおもちゃまで　年齢・発達に即した手づくりおもちゃ100余りのつくり方・遊び方を図説。カラー40頁。

芸術教育研究所監修　松岡義和著

乳幼児の絵画指導　　B5・79頁　2300円

スペシャリストになるための理論と方法　0〜5歳児が点を描く力，直線や曲線を描く力，形・色・質感・量感をとらえる力を身につけるための題材の選び方，指導の手順を理論とともに紹介。

表示価格は本体価格です。別途消費税がかかります。

芸術教育研究所・おもちゃ美術館編

0～3歳児の描画指導
B5・171頁　2300円

保育園・保育所での3歳未満児の表現活動を伸ばす指導法を，子どもたちの生活に密着した事柄や遊びの中から題材を選び，年齢別に図を交えて紹介。混合保育の実例も収録。カラー口絵4頁。

技法別　芸術教育研究所監修　松浦・遠山・丸山著

0・1・2歳児の楽しい描画表現活動
B5・80頁　2300円

なぐり描き，タンポ，綿棒，手・指，筆などの描画の技法ごとにまとめた，0・1・2歳児が楽しく取り組める描画表現活動の実際の手順や言葉掛けを，豊富な作品例と共に紹介。カラー32頁。

芸術教育研究所・おもちゃ美術館編

3・4・5歳児の描画指導12カ月
B5・160頁　2200円

蛇口からでる水，動物の足あと，桜の木，雨，あじさいの花，花火，ドーナツ，友だちの顔など，月ごとの題材を使った，描画指導の手順を，子どもたちの作品例を交えて年齢別に紹介。カラー口絵3頁。

テーマ別　芸術教育研究所監修　松浦龍子著

楽しい幼児の絵の指導
B5・96頁　2300円

子どもと創ろう④　3・4・5歳児が思わず絵を描きたくなる指導方法を，「花を描こう」等，テーマ別に紹介。意欲を高める言葉がけの例や，描き方の手順を解説。カラー48頁。

先生も子どももできる　芸術教育研究所監修　菊池貴美江著

楽しい指編みあそび
B5・28頁　1400円

指を使ったこま編みやくさり編み・三つ編みなどを応用した髪飾り，アクリルたわし，座布団，マフラー，なべしき，カーネーションなどの作り方をカラー＆2色ページの絵本仕立てで紹介。

先生も子どももできる　芸術教育研究所監修　劇団風の子東京　福島・大森編著

楽しいなりきりあそび
B5・28頁　1400円

「たねから木へ」「いもむし」「カエル」「ネコ」「トカゲ」「えものをねらうトラ」「カルガモの親子」「ゆっくりカメ組」など，子どもが夢中になるまねっこあそびを紹介した，楽しい絵本仕立ての本。

先生も親も子どももできる　三宅邦夫・大竹和美・山崎治美著

びっくり手品あそび
B5判・28頁　1400円

輪ゴム，新聞紙，マッチ箱，コップ等身の回りの道具でできる楽しい手品をカラー＆2色の絵本仕立てで紹介。輪ゴムのおひっこし／ちえくらべ／とうめいハンド／三つのリング／エイッ！　指にコイン／他。

表示価格は本体価格です。別途消費税がかかります。

先生も子どももつくれる　　　　　　　　　　　　　　　　多田千尋著
楽しいからくりおもちゃ
B5・28頁　1400円

見る方向によって絵が変わるからくり屏風，牛乳パックでつくるさかさ万華鏡等，かんたんなしかけでびっくりする作品の作り方をカラー＆2色の絵本仕立てで紹介。手品カード／くるくる絵本／びっくり箱／他。

先生も子どももつくれる　　　　芸術教育研究所監修　菊池・細工藤著
楽しい布おもちゃ
B5・28頁　1400円

切ったり，はったり，つなげたり……。布から何ができるかな？　フェルト，ハンカチ，手ぶくろ等でつくるタコやクラゲ，ゾウやお手玉など，楽しい布おもちゃの作り方をカラー＆2色の絵本仕立てで紹介。

先生も子どももできる　　　　芸術教育研究所監修　山口裕美子著
楽しいスタンプあそび
B5・28頁　1400円

不器用でも，絵が苦手でも大丈夫。身の回りの素材をスタンプにして，素敵な絵本や地図，カード，プレゼント小物をつくって，表現の楽しさを味わおう。スタンプ絵本「にげだしたパンケーキ」／他。

幼稚園・保育園の　　　　　　　　　　　　　　　　　　斎藤道雄著
かならず成功する運動会の種目60
A5・109頁　1800円

付・見栄えをよくするための17のヒント　成功間違いなしの種目60と，種目の選び方，並ばせ方，子どもの演技の順番や隊列の組み方，どんな目標を立てて練習するかなど，あらゆるコツを紹介。

先輩が教える保育のヒント40
＜運動会・生活発表会・作品展＞　　　　　　　グループこんぺいと編著
A5・94頁　1800円

付録CD：ヒップポップふうにアレンジ「おにのパンツ」　子どもが輝く運動会や生活発表会，子どもの力を伸ばす作品展になる，先輩保育者からの毎日の保育のヒントが満載。「おにのパンツ」は楽譜・振り付け付。

今すぐできる　　　　　　　　　　　　　　　グループこんぺいと編著
0～5歳児の言葉あそびBEST 40
A5・93頁　1600円

幼稚園・保育園のクラス担任シリーズ⑨　やまびこしりとり，「あいうえお」あそび，早口言葉，さかさ言葉など，0～5歳児の発達に合わせた，毎日の活動や行事に使える言葉あそび40種を紹介。

石川町子著
幼稚園・保育園の楽しい食育あそび42
B5・93頁　2000円

付・CD「食育のうた・おなかがグー」　みんなで楽しくあそびながら食物に親しめ，食物の役割を理解できる，食育あそびを紹介。「食育のうた・おなかがグー」の楽譜・CD付き。

表示価格は本体価格です。別途消費税がかかります。